KB175877

아빠
함께 가요,
케냐

손주형 · 손세민 · 손지민 지음

이담
Books

들어가면서

에티오피아에 대한 책을 낸 후, 케냐 편을 작업하면서 과연 어떤 이야기를 담아야 할지 고민했다. 내가 쓴 이야기들은 내가 다녀온 곳이 멋진 곳이라고 독자를 유혹하는 글은 아니다. 또한 훌륭하고 힘든 일을 한 대단한 이야기는 더욱 아니다. 어느 날 갑자기 모르는 나라에 가서 생활하면서 겪어야 했던 어려움을 들려 주고 싶어 적은 것이다.

이번 케냐 이야기는 이전과 달리 가족 모두가 1년 동안 케냐에서 함께 살았던 이야기이다. 초등학교에 다니는 두 아이도 함께 갔기에, 외국인 학교에 다니는 초등학생을 둔 부모로서 겪은 일을 주로 적었다. 그리고 그 아이들의 글을 함께 실었다. 어른이 아닌 아이의 눈높이에서 본 케냐를 전하고 싶어서 글을 쓰게 했는데, 아이들이 쓴 글을 읽으면서 나 자신이 미처 몰랐던 사실을 알게 될 때도 있었다. 나는 작은아이(지민)가 영어 때문에 힘들어한다는 것은 알고 있었지만, 그렇게까지 많이 힘들어하는 줄은 몰랐었다.

이번 글에는 케냐에 있는 미국 학교에 다니면서 아이들이 한 번도 경험해 보지 못한 일들을 겪어야 하는 이야기들이 담겨 있다. 우리 가족을 도와주었던 많은 분, 특히 학교에서 도와주신 많은 선생님, 주위의 많은 가족 덕분에 즐거운 추억을 많이 가지고 한국으로 돌아올 수 있었고 아이들은 지금도 케냐를 잊지 못하고 있다.

힘든 순간도 많이 있었지만 즐거운 추억이 가득한 케냐에 다시 갈 기회가 생긴다면 정말 좋겠다. 다시 케냐에 간다면 — 물론 그땐 아이들이 많이 자라서 이전처럼 재밌지 않을지도 모르지만 —, 케냐 곳곳에 쌓인 우리의 추억을 찾아 따뜻한 온기를 불어넣고 싶다.

그리고 한 가지 바람이 있다면, 다시 케냐에 닿는 그때에는 그곳이 우리나라의 도움 없이도 잘살고, 내가 머물렀던 때보다 더 많은 행복과 풍요가 넘치기를…….

2011년 8월

케냐를 그리며

손주형

contents

WEST NAIROBI SCHOOL

케냐로 출발하는 날, 인천 공항에서 세민(좌)과 지민(우)

프롤로그

아내와 같이 가족회의를 하기로 하고, 세민이(큰딸, 만 9세)와 지민이(작은딸, 7세)를 식탁으로 불렀다.

아이들은 분위기가 이상하다는 생각이 들었는지, 조용히 와서 식탁에 앉았다. 아이들에게 "아빠가 케냐에 1년간 가야 하는데, 너희도 갈래?"라고 물었다. 일 년 전부터 아빠가 외국 여러 나라에서 근무하면서, 언젠가는 같이 외국에서 생활할 것이라고 막연하게 알고는 있었지만, 정식으로 아이들에게 물어 보기는 처음이다.

아이들에게 아직 살 집이나, 생활여건, 학교 등은 확실히 결정된 것이 없지만, 학교는 국제학교에 다니게 될 것이라면서 인터넷 홈페이지에 들어가서 사진들을 보여 주었다.

홈페이지에는 잔디가 깔린 운동장과 수영장, 수업 모습 등 많은 사진이 있었다. 아이들은 학교 영어수업, 급식 등 여러 가지 질문을 하더니, 언제 출발하는지 물어보고 아빠와 같이 케냐에 가겠다고 대답했다.

물론 예상한 대답이었지만, 막상 같이 간다는 이야기를 들으니, 부모 때문에 할 수 없이 가는 케냐가 아닌 자신들이 선택한 케냐라는 생각에 조금은 마음이 편해졌다.

아는 사람들에게 자기가 케냐에 간다고 떠들고 다니면서 이야기할 것 같아서, 아이들에게 출발하기 일주일 전까지는 아무에게도 케냐에 간다고 이야기를 하지 말라고 하였다.

잠시 들떠 있던 아이들의 얼굴은 영어로 수업을 받아야 한다는 불안감이 밀려오는 듯했다. 아내에게는 이제 진짜 준비해야 한다는, 나에게는 업무 이외에 가족과 같이 새로운 곳에 정착해야 한다는 불안감이 밀려오기 시작했다.

케냐로 가는 길 - 세민

케냐에 간다고 친구들에게 알렸을 때 어떤 친구들은 이민하는 거냐고 했고, 어떤 친구들은 아프리카는 더울 거라고 했다. 나는 가기 전까지 간다는 것이 실감 나지 않았지만, 막상 출발 며칠 전 짐을 챙기고, 우리 반 아이들의 이메일 주소를 받아 오니, 외국 가는 일이 실감이 났다.

가기 하루 전에는 정말 외국을 1년 동안 간다고 하니 조금 설레기도 하고 지금 있는 친구들과 헤어진다고 생각하니 슬프기도 했다.

박스에 물건도 담고 박스 외부를 테이프로 밀봉하고…….

짐이 정말 많았다.

공항에 도착해 할머니, 할아버지와 헤어질 때는 정말 슬퍼서 울었다. 비행기 타기 전 몸수색도 받고, 짐 검사도 하니 케냐에 간다는 것이 정말 기대됐다.

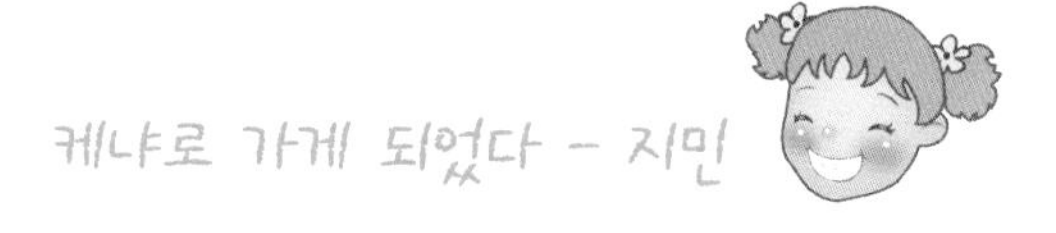

내가 1학년 1학기 때 갑자기 아빠 일로 1년 동안 케냐에서 지내기로 하였다. 나는 외국에 간다는 말에 기뻤지만, 한편으로는 너무 걱정됐다. 왜냐하면 영어, 영어 때문이다.

외국에 있는 아이들은 영어에는 실력파일 텐데!!!

그리고, 걱정되는 게 하나 더 있다. 친구들은 사귈 수 있을지…….

한국이 그리울 것 같다. 친구 현경이, 예림이와 헤어지려고 하니 기분이 안 좋다.

아직 1학기도 안 지냈는데…….

그리고 제일 큰 걱정거리는 할머니, 할아버지이다. 할머니, 할아버지를 1년 동안 못 보기 때문이다. 약간 기쁘면서도 섭섭하고, 슬프기도 하다.

그래도 좋은 점도 있다. 아빠와 1년 동안 같이 케냐에서 생활할 수 있기 때문이다.

가족이랑 같이 있어서 행복하다. 영어는 못해도 가족과 함께 있어 행복하다.

케냐에서도 자신감 잃지 말자! 아자! 아자!

짐이 장난이 아니네

우리 가족들이 1년 동안 사용할 물건들

한 달 동안 케냐에서 필요한 물건이 생각나면 메모지에 적었다가 시간이 될 때마다 인터넷으로 주문하고 있다. 필요한 물건은 케냐에 계신 분을 통해서 받기도 했지만, 이것저것 사야 할 것도 많고, 인터넷 블로그나 개인 홈페이지를 검색하면서, 짐들이 하나하나 추가되고 있다.

이번에 케냐는 1년 동안 식구 네 명이 가는 것이라 가지고 갈 것이 너무나 많다.

이삿짐 비용과 시간 등을 알아보고 며칠간 고민한 결과, 1년 뒤에는 한국으로 돌아와야 하고, 이사 비용이 비싸므로, 이삿짐을 가지고 가는 대신 한국에서 필요한 물건만 가지고 갔다가 1년 뒤에 빈 몸으로 돌아오기로 했다.

음식물과 옷 같은 최소한의 짐만 한국에서 가져가고, 케냐에서 냉장고나 필요한 물건을 사서 사용하다가 중고로 다시 처분하고 돌아오기로 했다.

아이들의 1년간 수학 문제집, 학용품, 비상 약품, 여분의 안경, 노트북, 플래시 전등(정전이 잘 되는 곳이라 밝은 LED 플래시가 유용하다), 충전 배터리(정전이 심하고, 소형 배터리가 비싸서 충전기와 충전 배터리가 필요하다), 라면, 김치, 양념(케냐에서 배추만 사고 가져간 양념으로 김치를 만들 수 있다), 김, 통조림, 침낭, 이불 등의 물건들이 차곡차곡 마루에 쌓였다.

인터넷으로 시킨 각종 물건 때문에 택배 아저씨가 하루에 몇 번씩 오고, 짐은 점점 쌓이는데 이 짐을 어떻게 운반할지도 고민이다.

출발하기 일주일 전부터는 매일매일 짐을 싸고 있다. 출발하기 전날 밤에 짐을 다 세어 보니, 이민 가방 2개, 트렁크 가방 2개, 기내용 트렁크 가방 2개, 노트북 가방 1개, 등에 메는 가방 2개와 박스 3개이다. 총 13개의 가방과 박스를 세워놓으니, 이것은 1년 잠깐 사는 것이 아니라 이사를 하는 것 같다.

출발

공항으로 갈 때에는 승용차로 도저히 짐을 다 실을 수 없어서, 콜밴을 따로 예약해서 공항으로 갔다.

공항에서 바퀴가 달린 카트로 세 개가 됐는데, 나와 아내가 한 개씩 밀고, 아이들에게 한 개를 밀라고 했는데, 초등학생 4학년과 1학년이 카트를 움직이는 것은 힘들어 보였다.

가방에는 꼭 필요한 물건만 골라서 담았는데도 짐의 무게가 250kg이 넘었다.

에미레이트 항공은 1인당 30kg씩 수화물은 보낼 수 있는데, 130kg이 초과했다. 초과 중량 요금을 내고 나니 사람 한 명의 비행기 값보다 훨씬 비싸다. 꼭 필요한 물건이고, 케냐에 가면 살 수도 없으니 어쩔 도리가 없다.

짐을 발권 데스크에서 부치니 저녁 9시가 되었다. 아이들은 조금 피곤해 보였지만 아직은 즐거워하는 것 같다. 오늘 짐을 부치고 비행기를 타는 것이 가장 큰 일이었는데 이제 짐을 해결하고, 저녁 10시쯤 비행기 탑승구 앞에서 비행기를 기다리니 피로가 밀려오기 시작했다.

지민이는 잠이 오는지 의자에서 잠을 자기 시작했다.

이제 2시간만 지나면 출발이다.

내가 무슨 짓을 하고 있는 거지……?

두바이로 가는 비행기는 에미레이트 항공, 밤 12시에 출발하는 비행기이다. 아이들은 오후 2시부터 부산에서 출발해서, 힘든 하루를 보내서인지 피곤에 지쳐 있다.

비행기에 탑승하자마자 잠투정을 하다가 잠을 자기 시작했다. 비행기가 이륙하니, 모두 긴장이 풀려서인지 잠이 쏟아졌다.

잠에서 깨니, 아직도 비행기 안은 어두웠다. 시계를 쳐다보니 한국시각으로 오전 6시였다. 두바이에는 현지 시각 새벽 4시 도착이므로, 앞으로 5시간은 더 가야 했다. 아내와 아이들을 둘러보니 아직 잠을 자고 있다.

자는 아이들을 보고 있으니 "내가 무슨 짓을 하고 있는 거지……?"라는 생각이 든다. 멀고 열악한 환경인 곳에 나 혼자서도 아니고 가족들을 전부 다 데리고 가는 것이 제정신인지, 무슨 부귀영화를 누리려고 아프리카까지 가는 것인지, 아이들 영어 공부에는 도움이 되겠지만, 무엇보다도 병원이 열악한 곳으로 가는 것이 옳은 선택인지 정말 의문이 간다.

내가 한 선택에 후회가 없으면 좋겠다는 생각뿐이다.

비행기 안

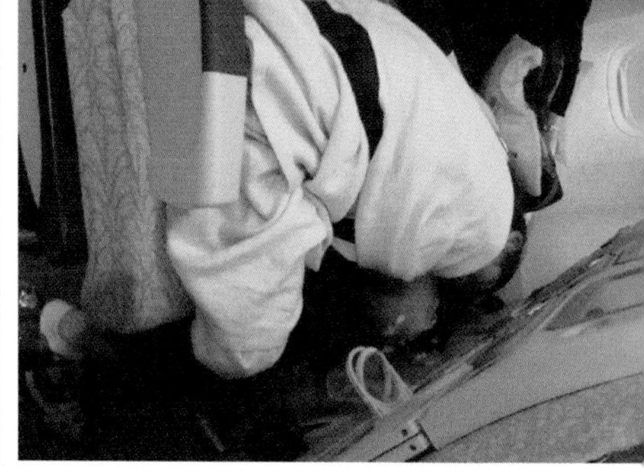
엄마에게 누워있는 세민

두바이 공항

새벽 4시에 두바이에 도착해서, 면세점과 공항을 구경하고 음식점들이 몰려 있는 푸드코트에서 쉬기도 했다.

앉아서 아침 겸 간식을 먹고 있을 때, 세민이에게 앞에 보이는 맥도날드에 가서 커피를 한 잔 사오라고 했다. 이제 영어로 말을 해야 하니, 거스름돈은 커피를 사 가지고 오면 용돈으로 주겠다고 꾀어서, 맥도날드로 가도록 했다. 세민이는 영어로 이야기해야 한다는 것에 싫어했지만, 거스름돈과 지민이가 같이 간다는 조건으로 맥도날드에 가서 말을 겨우 알아듣고, 커피 한 잔을 사 가지고 왔다. 앞으로 미국 학교에 다녀야 하는데, 어떻게 다닐지 걱정이다.

앞으로 일 년 뒤 아이들과 두바이 공항돌아 올때에는 지금의 불안함보다는 잘 갔다 왔다는 이야기를 할 수 있었으면 좋겠다.

두바이 시간으로 새벽 4시 30분에 도착해서 아침 10시 40분에 케냐 나이로비로 출발하는 비행기를 탔다.

나이로비는 어떤 모습일까? 궁금하다.

나이로비 상공에 도착

나이로비 시내 모습

나이로비가 보이기 시작했다. 구글 어스에서 많이 검색해 보았던 나이로비의 모습이 하나씩 보이는 듯했다. 공항 인근에는 낮은 집들이 있었지만, 시내에는 높은 건물들이 서 있어, 이때까지 가본 여느 아프리카 국가와는 많은 차이가 나는 것 같다.

많은 사람이 나이로비는 돈만 있으면 외국인이 살기에 괜찮다고 하는데 과연 내리면 어떤 생각이 들지 궁금하다.

이제 케냐에 도착하면, 본격적인 생활이 시작될 것이다. 집도 구해야 하고, 차도 사야 하고, 아이들 학교도 보내야 하고, 프로젝트도 본격적으로 시작해야 하는데, 앞으로 어떤 사람들을 만나게 될까 궁금하다.

나이로비에 다가오니 앞으로 어떻게 생활할지 점점 불안한 생각이 들기 시작한다.

나이로비 공항의 택시

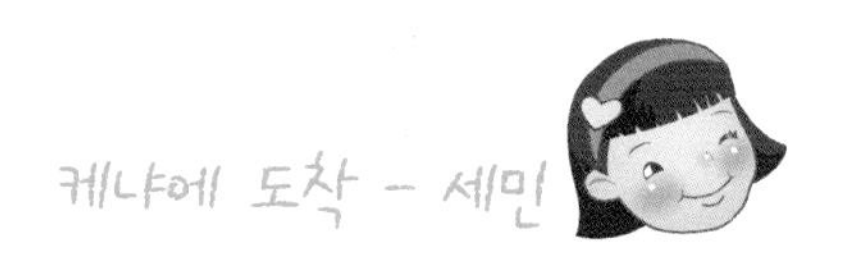

비행기를 세 번이나 연속해서 탄다는 것이 좋았다(부산—인천, 인천—두바이, 두바이—나이로비). 인천 공항에서 비행기를 타러 갈 때 지하철과 비슷한 것으로 비행기를 타러 갔는데, 비행기를 타러 가면서 셔틀 지하철까지 타고 가는 것이 신기했다.

서울에서 두바이로 갈 때는 내가 앉은 자리 앞에 게임기가 있어 무척 신이 났다. 중국, 캄보디아, 태국 등 다른 나라로 갈 때에는 게임기가 없었는데, 처음으로 게임기가 달린 비행기를 탄다는 것이 좋았기 때문이다.

비행기에서 심심할 때는 게임도 하고, 우리가 어디쯤 날아가고 있는지도 볼 수 있고, 영화도 보았기 때문에 막상 비행기가 두바이에 도착했을 때는 아쉬웠지만 웅장한 두바이 공항을 보니 그 마음이 사라졌다. 두바이 공항 구경(?)을 마치고, 밥을 먹었다. 두바이 공항에서 몇 시간 동안 구경을 하고, 케냐의 수도인 나이로비로 가는 비행기를 탔다. 케냐로 가는 비행기에도 게임기가 있었다. 비행기 안을 둘러보니 천장에 있는 안내용 텔레비전이 서울에서 타고 온 비행기보다 크기가 크고, 두꺼운 것으로 보아 비행기가 좀 오래된 것 같았다.

공항에 도착하여 우리는 짐을 받았다. 그곳에서 최인혁 목사님을 만났다. 목사님을 만나서 봉고차에 우리가 가지고 온 짐을 싣고, 집으로 가기 위해서 공항에서 출발하였다.

† 최인혁 목사님: 현재 케냐에서 선교활동을 하시는 분으로, 케냐 출발전부터, 공적 및 사적으로 알게 되어서 우리가족의 케냐 생활에 엄청난 도움을 주셨다.

케냐에 도착 - 지민

한국에서 케냐까지 가는 데 2일이 걸렸다. 비행기 좌석에 컴퓨터가 달려 있어서 게임을 하며 왔다. 비행기에서 내리고 난 후 나는 다양한 인종의 많은 사람을 보고 무척 신기했다.

피부가 갈색인 사람들, 살구색인 사람들, 흰색인 사람들, 각각 종류의 사람들, 모두 다른 나라에서 사는 사람들이었다. 나이로비 공항에서 최인혁 목사님을 만났다. 목사님께서 해인이(목사님 딸)가 좋아하는 것이라면서 Tic Tec(아이들 과자 이름)을 주셨다. 난 그것을 먹었는데 한번 먹으면 또 먹고 싶은 맛이었다.

Tic Tec을 먹으면서 봉고차를 타고 집으로 왔는데 10분도 되기 전에 한 통을 다 먹었다. 정말 맛있고 중독되는 맛의 Tic Tec이다.

그리고 우리가 한 달 동안 살 단자이 아파트에 갔다.

단자이 아파트 앞 발리아케이드

한 달 동안의 숙소, 단자이 아파트

나이로비에 도착해서 한 달 동안 살 단자이 아파트에 도착했다. 한국에서 케냐에 살고 계시는 최인혁 목사님에게 부탁해서 우리가 임시로 살 집을 구했다. 집을 구하는 데 가장 중요한 것은 안전이었다. 가격이 적당하면서 안전한 곳을 찾다 보니 단자이 아파트로 결정하게 되었다. 단자이 아파트는 10층짜리 고층 아파트로 조금 오래되었지만, 주변에서 가장 높은 빌딩이다. 쇼핑몰의 벽과 아파트의 벽을 공동으로 사용하고 있고, 그 사이에 경비가 지키는 통로가 있다. 그리고, 주변에 아파트들이 많이 있어 경비회사의 도시 곳곳에 있는 거점 지역인 포스트(Post)가 아파트 앞에 있어서, 여러 경비 회사의 긴급출동 차량들이 대기하고 있다.

한 달에 55,000ksh(약 82만 원)을 내기로 하고, 최인혁 목사님이 계약 조건을 꼼꼼히 검토해서 계약한 계약서를 받았다. 집이 크지는 않았지만, 방이 2개, 화장실이 2개, 거실과 부엌이 있었다. 안방에는 커다란 침대 한 개, 작은방에는 작은 침대 2개가 있고, 부엌에는 냄비와 그릇, 가스레인지, 냉장고까지 있었다. 집은 좀 작은 데다 춥고 어두웠지만, 주변이 안전한 지역이라 일단 마음이 놓였다.

단자이 아파트의 또 다른 장점은 아파트에서 경비가 지키는 조그마한 출입문을 통해서 쇼핑몰로 들어가면 슈퍼마켓과 빵집, 간단한 식사가 가능한 카페, 중국집, 이탈리아 식당이 있다는 것이다. 치안이 불안한 나이로비에서 걸어서 이런 식당이나 슈퍼마켓까지 편안하게 움직일 수 있는 곳은 많지 않다.

아파트에 들어오자마자 아이들은 이 방 저 방을 둘러보며 신기한 듯 왔다 갔다 하면서 이야기하고 있다.

큰방(위)과 작은방(아래)

큰방 화장실

단자이 아파트에는 세탁기가 없어서 큰방 화장실에서 아내가 한 달 동안 손 빨래를 해야 했다.

단자이 아파트 - 세민

공항에서 차를 타고 출발해 단자이 아파트로 가는데, 도로에서 차가 너무 많이 밀렸다(어떤 사람들은 아프리카에 그렇게 차가 많겠냐고 생각하겠지만, 차는 많고 도로는 좁아서 교통 체증이 심각했다).

우리 차를 운전해주시는 아저씨는 차가 움직일 생각을 하지 않으니 다른 운전기사 아저씨들처럼 차 밖에 나와 도로에 서 계셨다. 출발한 지 약 2시간 뒤에 겨우 우리는 아파트에 도착할 수 있었다.

최 목사님 가족과 저녁식사를 같이 하기로 하고 짐을 푼 뒤 단자이 아파트 뒤에 있는 발리 아케이드의 중국집까지 걸어가서 중국 음식으로 저녁을 먹었다. 최 목사님 댁에는 딸 하나와 아들 하나가 있었다. 우리는 그 아이들과 같이 중국집 앞에 있는 작은 공터에서 놀았다.

집에 돌아와 여덟 시에 잠을 자러 방으로 들어갔는데, 문득 시계를 보는 순간!!!!! 새벽 2시였다.

하긴 아프리카가 한국보다 6시간이 느리니 한국 시각으로 보자면 아침 8시에 잠을 자는 것이다. 지민이와 각자의 침대에 들어가 잠을 잤다.

다음 날 아침에 일어나니, 엄마 아빠는 식탁에 앉아 이야기를 나누고 있었다. 나는 아침에 일어나 텔레비전에 푹 빠져 만화 채널을 보았다.

단자이 아파트 거실의 텔레비전 위에는 안테나가 달려 있고, 소파가 3개여서 정말 좋았다. 집 안에서도 슬리퍼를 신고 다녔는데, 한번은 내가 엄마 방으로 슬리퍼도 안 신고 그냥 뛰어와 발을 씻어야 했다. 나는 그렇게 더럽다고 느끼지 않았지만 부모님께서는 더럽다고 생각하셨다.

한국에서 맨발에 익숙했던 나는 자다가 일어나면 슬리퍼 신는 것을 깜박하고 그냥 다니기도 했다.

단지이 아파트 거실. TV는 학교를 가지 않는 아이들의 친구가 되었다

단자이에 도착한 후 우리는 짐을 놓아두었다.

단자이 아파트에는 방이 2개 있고, 마루는 1개, 화장실은 2개가 있었다.

거실에 TV가 있어서 TV를 보고 잤는데, TV 프로그램에서 "젤리"라는 프로그램과 "타잔"이라는 프로그램이 재미있었다. 젤리는 정말 유머러스한 캐릭터를 가진 주인공이고, 타잔은 어떤 동물이 있는데, 그쪽에 뭐 마녀가 나타나든지 하는 신기한 일이 일어난다. 젤리는 매니큐어를 바를 때 이상한 색깔로 칠하거나 입에 바르는 것처럼 엉뚱해서 재미있다. 얼굴 색깔이 초록 색깔로 변하면서 소동을 일으킨다.

젤리의 엄마, 아빠, 언니는 우주에 있었고, 젤리의 언니는 얼굴이 초록색이어서 정말 웃겼다.

그런데 내가 영어를 잘 알아듣지 못해서 모든 것을 이해하지는 못했다.

단자이 아파트 우리집 입구

식탁 겸 거실

쇼핑센터만 돌아다니고 있다

케냐에 도착한 지 10일이 되었다. 일주일 동안, 집과 사무실을 세팅하고 인터넷을 연결하는 장치 같은 것들을 샀다. 몇 가지 물건을 사러 돌아다니는데 하루가 훌쩍 지나가 버린다.

사야 하는 물건은 가위나 칼 같은 작은 문구류에서 프린터까지 모든 물건을 다 갖추어야 해서 요즘은 매일 쇼핑센터를 돌아다닌다.

한국처럼 어느 정도 규모의 쇼핑센터에서 저렴하게 살 수 있으면 좋으련만 이곳에서는 가게마다 가격이 천차만별이라서 프린터 하나를 사기 위해서 몇 군데의 가게를 둘러보고 그중에서 한 군데를 결정한다. 가격 차이가 많이 날 때는 50% 이상 나는 곳도 있으니, 그냥 편안하게 한 곳에서 한꺼번에 사야겠다는 애초의 생각은 모두 다 날아가 버렸다. 아마 이런 물건을 사려고 헤매고 돌아다닌다고 하면 한국에서 아무도 이해를 못 하겠지만, 물건 하나 사기도 쉽지 않다는 것을 새삼 느낀다.

점심시간에는 시내 여러 곳에 있는 '자바 커피숍'을 자주 이용한다. 인터넷이 공짜인 데다 속도까지 빨라서, 메신저로 회사에 이것저것을 요구하는데 유용하다. 아직 사업 초기단계라서 한국에서 요구하는 자료도 많고 한국으로 요청하는 자료도 엄청나다.

휴대용 인터넷 연결기기를 샀지만, 인터넷에 접속할 때마다 충전한 금액이 빠져 나가기 때문에 자바와 같이 공짜로 인터넷을 사용할 수 있는 곳에서 파일을 주고받아야 한다.

도착한 지 일주일. 생각했던 것보다 생활환경은 좋지만 치안은 여전히 불안하다. 차를 타고 움직일 때는 무조건 문을 잠그고, 건물 외부와 도로에서는 거의 걸어 다니지 않고, 차만 타고 이동을 하고 있다.

쇼핑몰 엘리베이터 앞에서는 내 가방 지퍼를 열려고 하는 사람도 만났다. 치안만 좋으면 살 만한 곳 같다.

나이로비 거리 모습

나이로비 거리 모습. 교통 체증이 심각하다

가스통이 부엌에

냉장고 옆에 가스통이 있다

단자이 아파트 부엌에는 냉장고 바로 옆에 가스통이 있다. 케냐에서는 가스레인지용 가스통이 건물 외부에 있는 것이 아니라 부엌 안에 있다. 음식을 하는 뜨거운 가스레인지 바로 옆에 가스통이 있다는 사실이 부엌에 들어갈때마다 불안하다.

이곳 사람들은 가스통을 부엌에 놓고 잘 사용하는데 우리는 너무 불안해서 전기레인지를 사용하기로 했다. 몇번 가스레인지를 사용하는 것을 시도해 보았지만 우리 집 가스레인지 조절 스위치가 고장나서, 가스통 가스 밸브를 직접 열고 라이터로 불을 붙여서 사용해야 했기 때문에, 너무 위험한 것 같아서 단자이 아파트에서는 가스를 사용하지 않기로 했다.

우리의 첫 식사는 전기 압력밥솥에 우간다 쌀로 밥을 하고, 한국에서 가지고 온 김과 김치로 식사를 했는데, 무척 훌륭했다. 김과 김치만 있어도 반찬 투정하는 사람이 없이 전부 다 맛있다고 하면서 잘 먹었다.

얼마 동안이나 이런 식사로도 행복해할 수 있을지 궁금하다.

단자이 주방 모습

학교에 보내기 위해서

아이들을 학교에 보내는 것이 정말 힘든 일 같다.

나이로비에는 많은 외국인 학교가 있다. 국제학교, 미국계, 영국계, 프랑스계, 네덜란드계, 일본계 등 여러 학교가 있는데, 우리 아이들은 미국계 학교로 보내기로 하고 여러 사람에게 각 학교에 대해서 물어보았다.

한국에서 여러 번 연락을 취했던 케냐국제학교(ISK, www.isk.ac.ke)는 3주간의 방학 기간동안 연락을 했지만, 답장이 오지 않아 포기하고, 미국계 학교인 로즐린(www.rosslynacademy.com)과 웨스트나이로비(www.westnairobischool.org) 중 하나를 케냐에서 직접 둘러보고 결정하기로 했다.

입학에 필요한 서류인 영문 재학증명서와 생활기록부는 한국 초등학교에서 발급받았다. 미국계 학교이기 때문에 미국으로 유학 가는 사람들의 인터넷 사이트에서 자료를 검색해서 입학 준비를 하였다.

필수 서류인 건강기록부는 인터넷에서 양식을 다운받아 한국에서 진료 수첩을 가지고 정리를 해서, 소아과 의사 선생님의 확인 사인을 받아 케냐로 왔다.

로즐린과 웨스트나이로비 중 어디에 갈 것인지 아직도 고민하고 있다.

입학시험

주말 동안 아이들과 같이 로즐린과 웨스트나이로비 학교를 둘러보고 아이들과 같이 의논한 결과, 로즐린에 지원하기로 했다. 로즐린이 웨스트나이로비에 비해 시설이 좋아서 아이들은 로즐린을 선호하는 것 같았다. 로즐린은 역사와 전통을 가진 학교이고 수영장, 각종 체육관 등 훌륭한 부대시설을 갖추고 있다. 그렇지만 웨스트나이로비는 학교가 작고 시설물은 조금씩 확장을 하는 중이라, 외관이나 시설에서 아직 로즐린을 따라가지는 못하고 있다.

로즐린에 입학 서류를 제출하니 일주일 뒤에 입학시험을 치러 오라는 통보를 받았다. 입학시험은 영어와 수학을 친다고 하는데, 일주일 동안 아이들이 아무것도 하지 않고 집에 있어야 한다는 것이 답답하다.

물론 학기 중간인데도 시험 일정이 빨리 잡힌 것이라고 하지만, 기다리는 입장에서는 일주일은 너무나 길다. 영어도 잘 못하는 아이가 시험을 잘 칠 수 있을지 걱정도 되고, 미국 학교에서 잘 적응을 할지 걱정도 된다.

일주일 동안 체르티라는 영어 가정교사를 소개받고 영어수업을 시작했지만, 아이들이 언제쯤 영어가 위창해 질지 기약이 없다.

목요일 아침, 시험을 치기 위해 로즐린에 도착했다. 행정실에서 선생님이 기다리고 계셨고, 선생님께서 세민이와 지민이를 데리고 별도의 사무실에서 시험을 치겠다고 아이들과 사라졌다. 말도 통하지 않는데 시험을 치기 위해 별도의 장소에 가야 하는 것이 안쓰럽기도 하고, 시험을 잘 치를 수 있을지, 아이들이 어떻게 받아들일지 더욱 불안했다.

지민이가 시험을 치러간지 3시간이 지나서 나타났다. 영어도 잘 못하는 아이가 3시간이나 칠 것이 무엇이 있었는지 모르겠지만, 시험이 쉬웠냐 어려웠냐 등을 물어보니, 나름대로 시험을 쳤다고 대답했다.

시험의 결과는 월요일에 가르쳐준다고 해서 아이들을 데리고 점심을 먹고 집으로 돌아왔다. 월요일까지 또 아이들은 집에서 기다려야 한다. 최근에는 집에서 텔레비전을 주로 보고 있다. 영어방송이므로, 영어라도 열심히 듣겠지 하는 생각에 보여주지만 잘하는 것인지는 확신이 서지 않는다.

로즐린 교실 내부

로즐린 입학을 거부당하다

주말을 보내고, 아이들 입학 가능 여부가 결정될, 월요일 오후가 되었다. 로즐린에 계시는 한글교실 선생님(로즐린에는 두 분의 한글교실 선생님이 계신다)에게서 전화가 왔다. 아이들의 시험 결과는 자기 학년에 들어갈 수 있을 정도로 괜찮은데, 현재 로즐린의 우리 아이 학년에 영어가 서툰 외국 학생의 비율이 10%를 초과해서 로즐린의 정책상 입학이 불가하다고 한다. 우리를 도와주신 한글교실 선생님들이 이때까지 이런 정책을 심하게 적용하지 않았기 때문에 우리 아이들의 입학에 대해서는 전혀 고려도 하지 않았는데, 입학 자체가 불가능할 것이라고 상상도 못한 소식을 전하는 것을 오히려 더 힘들어하는 것 같았다.

요즘 아이들은 학교에 간다는 생각에 학교에서 어떻게 생활할 것인지를 나름대로 생각하고 있는데, 전혀 예상하지 못한 일이 벌어진 것이다. 영어 때문에 자기 학년에 가지 못하고, 낮은 학년으로 가면 어떻게 하나 하는 걱정은 하였지만, 학교를 가는 것 자체가 불가능할 것이라고는 상상도 못했다.

막상 아이들이 학교에 못 간다는 생각이 드니 상황이 급박해졌다. 바로 웨스트나이로비 스쿨로 찾아갔다.

웨스트나이로비는 로즐린보다는 학생수가 적고 훨씬 가족적이지만, 시설이 좀 떨어져서 로즐린으로 가기로 결정한 것이었는데, 지금은 선택의 여지가 없다. 잘못하다가는 아예 학교도 못 다니고, 아이들이 한국으로 돌아가야 하는 것은 아닌지 불안하기까지 했다.

웨스트나이로비 행정실에 찾아가서 학교 입학을 위한 서류를 접수하고, 최대

한 빨리 테스트를 하게 해달라고 하니, 바로 다음날인 화요일에 영어 시험을 치르고, 수요일에 수학 시험을 치르라고 한다. 이때까지 학교도 못 다니고 그냥 집에 있는 것이 걱정이 되어서 화요일에 영어, 수학 시험을 모두 치르고 싶다고 말하니, 하루에 다 치르기에는 아이들에게 너무 피곤하기 때문에 이틀에 걸쳐서 치러야 한다고 했다. 학교 규칙이니 어떻게 할 수 없어서, 이틀에 걸쳐서 시험을 치르기로 했다. 그래도 로즐린에서는 일주일 뒤에 시험을 치를 수 있었는데, 웨스트나이로비는 바로 다음날 시험을 치를 수 있어 다행이다.

집에 있던 세민이와 지민이는 로즐린에 못 가는 것에 충격을 받았는지, 울고불고 한바탕 난리가 났다. 세민이는 자기가 최선을 다해서 시험을 치렀다고 하면서 울먹이고, 지민은 뭐가 무엇인지 모르고, 일단 학교에 가지 못하게 되었다는 사실에 울먹였다.

케냐에 도착해서 가장 힘든 하루였다.

로즐린 교실

로즐린 운동장과 수영장

웨스트나이로비 입학시험

화요일과 수요일 오전에 웨스트나이로비에 입학시험을 쳤다. 영어와 수학 시험은 각각 1시간 30분 정도가 걸렸다. 하루에 다 치러도 될 것 같은데, 이틀에 걸쳐서 치른다는 것이 오히려 이상하다. 아이들은 교장실 옆에 있는 각각의 사무실에서 시험을 치렀고, 동행한 부모들은 학교 도서관에서 기다렸다. 우리 아이들 외에도 콩고에서 왔다는 부모도 기다리고 있었다. 콩고에서 온 외교관이나 국제단체 직원인 것 같았다.

웨스트나이로비의 입학시험은 S.A.T(Stanford Achievement Test)라는 것으로 스탠퍼드 대학에서 만든 아이들의 학력을 측정하는 시험이다. 한 번 입학시험을 치러본 경험이 있어서, 아이들은 생각보다 시험에 잘 따라 하고 차분하게 친 것 같았다. 아이들도 이번에 시험에서 문제가 생기면, 한국에서 계획했던 입학할 학교가 없어진다는 것을 알고 있는 것 같다.

시험을 모두 마치고 언제부터 학교에 다닐 수 있느냐고 행정실에 물어보니, 목요일에는 교장선생님과 면담을 해서 학년을 정하면, 금요일부터는 학교에 다닐 수 있을 거라고 말해주었다.

교장선생님과 인터뷰 시간을 목요일 오전 10시로 잡았다. 로즐린에 비해서 엄청나게 빠른 스피드에 만족했다. 케냐에 와서 보름 동안 학교도 다니지 않고 있는 아이들이 하루빨리 학교에 다녔으면 하는 생각뿐이다.

교장선생님 면담

목요일 오전 10시에 웨스트나이로비로 찾아갔다. 행정실로 가서 직원들과 인사를 하고, 행정실 앞에 있는 커다란 야외 테이블에서 교장선생님을 기다렸다. 교장선생님께서는 아이들이 시험을 치른 성적표를 가지고 나오셔서, 자세히 설명해주셨다. 수학 성적은 입학 학년보다는 훨씬 높고, 영어는 조금 떨어진다고 하면서, 나이에 맞는 학년에 입학하기로 했다. 그리고 세민이는 부족한 영어를 위한 영어 보강 프로그램(ESL: English as a Second Language)을 들을 필요는 없지만, 지민이는 영어 보강 프로그램(ESL)을 듣기로 했다.

금요일부터 바로 학교를 다닐 수 있고, 담임선생님에게 아이들의 전학을 알려주기 위해 아이들을 데리고 교실로 가셨다. 아이들이 교실을 갔다 오는 동안 입학금, 급식비, 통학버스비 등을 미국달러로 행정실에 납부했다. 아이들이 입학하기 위해서 한국에서 가져온 달러가 만 달러 이상 나갔다. 처음에는 케냐국제학교(ISK) 수업료를 준비하고 왔는데, 웨스트나이로비가 케냐국제학교의 수업료에 비해 상대적으로 많이 저렴하기 때문에 아이들 수업료의 지출이 생각했던 것만큼은 크지는 않았지만, 외국 학교 수업료는 너무 비싸다.

행정실에서 등교 첫날 아침에는 부모가 직접 아이를 데리고 와야 하고, 학교를 마치고 집에 갈 때는 통학버스를 타고 집으로 가니, 내일 아침에 아이를 데리고 학교로 오라고 하면서 수업 준비물 종이를 주었다.

준비물 종이는 A4 한 장에 무척 많은 것들이 적혀 있었다. 물 휴지, 두루마리 화장지, 복사지, 각종 노트, 연필, 지우개 등이 있었는데, 몇 번을 읽어도 이해가 가지 않는 품목도 있었다. 한국 같으면 '과제장(Subject Note)' 하면 느낌이 오지만 몇 줄짜리 노트 등 미국 학교에 다녀보지 않은 사람으로서 도저히 감이 오지 않았다. 일단 마트에 가서 부딪히는 것이 가장 빠를 것 같아서, 준비물 종이와 전자사전을 들고 마트로 갔다.

마트에서 문방구 코너를 샅샅이 뒤지고, 직원들에게 물어보고 한 결과, 모든 준비물을 살 수는 없었지만 기본적인 준비물은 대부분 구할 수 있었다.

이제 보름간 학교에 가지 못하고 집에서 보내는 시간이 끝이 나고, 내일부터 학교에 다닐 수 있게 된다는 사실은 기뻤지만, 아이들이 과연 학교에서 적응을 잘할지 또 다른 걱정이 시작되었다.

이제부터 새로운 학교생활의 적응은 아이들의 몫이 되어 버렸지만, 잘해낼 수 있을지…….

ㅁ 웨스트 나이로비 학교의 수업료

Annual Charges

Pre K - 5	435,000	Enrolment Fee	3,000
Grades 6 - 8	480,000	Testing Fee	6,000
Grades 9 - 12	515,000	Family Registration Fee	15,000
Capital Construction Fee	15,000	Payment Option Charge	8%
Instrument Hire	12,000	Daily Late Payment Charge	0.15%
SPED	145,000	Non Local Cheque	2.00%
Resource Instruction	75,000	Bus Service	64,000
ESL / ELL	145,000	Trip Cost	400

There is a 50% tuition fee discount for the youngest child when at least four members of the same family are attending the School.

2010년 말~2011년 초 학기의 웨스트나이로비의 수업료(케냐실링: Ksh). 요즘에는 1USD가 85ksh 정도 하기 때문에, 6~8학년의 1년 수업료는 6백만 원 정도 한다.

학교에 들어가는 테스트 - 세민

우리는 로즐린이란 학교에 들어가기 위해 시험을 치렀다. 여기서는 돈을 내고 다니는 사립학교였기 때문에, 시험을 치르고 들어가야 했다. 시험을 치렀는데 미국인 선생님과 시험을 치렀다. 내가 리딩 테스트를 할 때에는 선생님께서 글을 읽어주셨다. 나는 이틀에 걸쳐 풀어야 할 테스트였지만 마지막이 수학이라서, 하루 만에 다 풀기로 하였다. 그리고 시험 결과는 며칠 뒤에 보기로 하고, 로즐린 주위에 있는 자바라는 미국식 식당에 들어가서 점심을 먹었다. 내 테스트가 늦게 끝났기 때문에, 지민이는 먼저 먹고 있었다. 내가 도착하기 전에 엄마가 맛있을 것 같다고 시켜놓은 타코를 먹었는데, 그렇게 맛있지는 않았지만 배가 고파서 그냥 먹었다. 배가 고플 때에는 모든 것이 맛있는데 그렇게 배가 고프지 않았나 보다. 점심을 먹고 자바 식당에 있는 미끄럼틀에서 놀았다.

며칠 뒤 테스트 결과를 들었는데, 떨어졌다고 하였다. 영어가 부족해 영어 보강 프로그램(ESL: English as a Second Language)을 들어야 하는데, ESL 자리가 너무 꽉 차고, 영어를 못하는 외국인이 너무 많이 있다고 하였다.

우리는 WNS(West Nairobi School의 약자)라는 학교에서 다시 테스트를 했다. 시험을 치를 때에는 수학이 가장 쉬웠고, 사회나 과학 등은 내가 배운 사회랑 다르고, 세포나 행성을 다 영어로 하였기 때문에 그냥 찍은 것도 많이 있는데, 시험을 보고 난 뒤 의외로 리딩(읽기)이 가장 좋지 않았다.

그렇지만 이번에는 입학하였다. 학년을 3학년으로 할 건지, 4학년으로 할 건지 결정하라고 해서, 4학년으로 한다고 하였다. 그리고 학교를 둘러보았다. 학교가 작다고 들었는데 직접 보니 매우 컸다. 하지만 각 학년당 반은 하나밖에 없었다.

빨리 학교에 가고 싶다!

지바커피숍

입학용 건강검진

소아과 병원

한국에서 케냐국제학교(ISK)의 건강검진표 양식을 인터넷으로 다운로드 받아서 준비해왔는데, 웨스트나이로비(WNS)도 별도의 건강검진 양식이 있어서, 케냐국제학교(ISK)의 건강검진표를 가지고 집 근처에 있는 소아과에서 건강검진표를 작성하였다.

케냐에서 살지 않았기 때문에 지정 소아과 주치의가 없으니, 한국에서 가지고 간 건강검진표를 보고 케냐의 의사 선생님께서 건강검진표를 작성해 주었다.

소아과는 생각보다 훨씬 깨끗했다. 처음 가는 현지인들의 병원이라 많이 불안했지만, 내부는 한국의 10여 년 전의 소아과 모습과 차이가 나지 않는 것 같았다. 오히려 한국보다 위생 상태에 신경을 더 많이 쓰는지, 대부분 일회용 제품을 사용하고 있었다.

의사 선생님을 만나서 간단하게 아이들의 현재 건강을 검사하고, 예방접종 기록을 옮겨 적고, 사인을 마치니 건강검진이 끝이 났다.

건강검진은 한명에 만 오천 원 정도를 하였다. 시설은 좋았지만, 생각보다 가격은 아주 비싼 것 같았다.

건강검진표 외에도, 학교에서 요구한 각종 서류에는 상해보험은 어떻게 되는

지, 학교 보건소에서 치료용 약을 먹는 것에 대한 부모동의서, 부모가 학교에 아이를 데리러 오지 못할 경우, 대신해서 아이를 데리고 갈 수 있는 사람을 지정해 놓아야 하고, 이것저것 적어야 할 것이 너무 많았다.

소아과 병원의 내부 모습

학교 가는 날이다!!! - 세민

아침에 웨스트나이로비 스쿨의 행정실에 도착하였다. 지민이와 행정실에서 같이 기다리니, 교장선생님께서 오셔서 교실까지 데려다 주셨다. 우리 담임선생님을 만났다. 선생님 이름은 Mr. Bussell과 Mrs. Bussell이었다. 두 분께서는 부부이셨다.

나는 영어이름을 따로 사용하지 않고, 한국 이름을 그대로 사용하기로 했는데, 말을 하면 "say(말하다)—mean(심술궂은, 짓궂은)"이라고 한다고 하자, 홍콩에서 온 남자아이가 내가 정말 나쁘냐고 물어보았다. 그러자 선생님께서 그냥 말을 할 때 이렇게 발음한다고 말씀하셨다.

같은 반에는 미국 아이들도 있었고, 나 같은 아시아인도 있었다. 쉬는 시간이 되어서 밖으로 나갈 때 아이들이 내가 중국인인지, 한국인인지 물어보았다. 친구들이 그렇게 물어보았을 때 내가 한국인이라고 하자 태욱이라는 아이와 같은 나라라고 하였다. 한국말로 말을 걸어 보니 정말 한국인이라고 한다. 키가 작아서 다른 아이들도 귀여워하고, 선생님도 귀여워하는 것 같았다.

쉬는 시간에는 다른 아이들이 간식을 가지고 교실 밖으로 나갔다. 여기서는 쉬는 시간 때 간식을 먹을 수 있다고 하였다. 그리고 도서실 위층에 있는 컴퓨터실로 갔는데, 컴퓨터나 헤드셋이 모두 정말 좋은 것들이었다.

이곳에는 커다란 건물로 되어 있지 않고, 땅이 넓어서인지 2층짜리 낮은 건물을 지어 교실로 사용하고 있어 너무 편했다.

한 학년에 한 반만 있어서 친구들은 전학 올 때에만 새로운 친구들을 만

날 수 있다. 그러나 새로운 친구들을 사귀지 않아도 된다는 장점과 단점이 있다. 집으로 갈 때에는 새로 사귄 친구들과 통학버스를 타고 집으로 왔다.

집으로 올 때까지 종종 친구들의 이름을 까먹어서 곤치 아플 때도 있었지만, 재미있었다!

웨스트 나이로비의 음악관련행사

학교 첫날에 현장 체험학습을 가다! - 지민

오늘은 웨스트나이로비 학교(WNS) 첫날이다. 너무 긴장된다.

가슴이 두근두근! 심장이 콩닥콩닥거렸다.

교장선생님과 교실에 가니까 친절하게 보이는 선생님이 오셔서 "전학생이란다. 이름은 지민이에요. 한국에서 와서 영어를 잘 못하니까 많이 도와주렴."이라고 말씀해 주셨다.

나는 선생님께 고마웠다. 그런데 선생님께서는 오늘 현장 체험학습을 간다고 하셨다. 나와 부모님은 그것을 몰랐기 때문에, 친구들은 모두 도시락을 쌌는데 나만 못 가지고 왔다. 부모님께서 학교 근처에 있는 빵집에 가셔서 머핀과 콜라, 빵을 사오셨다.

오늘 우리가 갈 곳은 쥐레프 센터(기린 센터)였다. 먹이도 주고 기린 뼈를 살펴보았다. 그리고 어떤 숲에 들어가서는 동물 관찰을 하였다. 동물이 있다고 그랬는데, 들어가 보니 곤충들과 풀밖에 없어서 조금 실망했다. 그리고 사진을 찍었는데 내가 잘 나온 사진이 있었다. 그리고 즐거운 점심시간이 되었다. 한국이면 6시간 더 빨라서 저녁일 텐데 이쪽은 아직 점심이다.

나는 입맛이 없어서 친구들에게 초콜릿 머핀을 나누어 주었고, 사이다와 다른 빵을 떼어서 먹었다.

기린 공원에서는 직접 먹이를 줄 수 있다

안전한 집을 구하자

이제 아이들 학교는 보냈고, 집을 구하는 것만 남았다. 돈이 넉넉하면 안전하고, 좋은 집을 구할 수 있지만, 저렴하면서 안전하고 좋은 집을 구해야 하는 것이 문제이다. 혼자라면 호텔이나 게스트하우스에서 지낼 수 있지만 가리사로 출장을 가더라도 가족들이 안전하게 지낼 수 있는 집이어야 하기 때문에 힘이 드는 것 같다.

나이로비의 무서운 물가와 그것보다 더 무서운 치안 때문에 아파트 선택은 쉽지 않다. 안전한 지역은 한 달 월세가 120,000ksh(약 170만 원)이나 하고 그렇지 않은 곳은 가격이 점점 내려간다. 안전한 지역의 집은 좋고, 안전이 떨어지는 곳의 집의 수준은 조금씩 떨어진다.

외국에서 받는 수당이 일정 금액으로 정해져 있어, 수당에서 월세와 다른 것들을 모두 해결하여야 하기 때문에, 선택의 폭이 넓지 않다. 단자이 아파트는 안전만 생각하고, 가구가 전부 다 비치되어 있는 집(furnished)인 아파트를 구했는데 한 달 월세가 55,000ksh(약 80만 원)이었다.

일반적인 아파트에는 입구에 경비원 한 명이 오전·오후를 지키고, 밤에는 2명의 경비가 입구를 지킨다. 모든 아파트마다 철문이 있고, 경비가 사람들을 확인한 이후에 문을 열어주지만, 총을 든 강도가 경비를 위협한다면 얼마 되지 않는 월급에 목숨을 걸고 지키지는 않는다. 대부분 경비가 대문을 지키기 때문에, 안전한 지역은 몇 겹의 경비망이 있다. 한곳에서 강도가 들어와도, 다른 집으로 가는 과정에서 또 다른 경비와 만나야 하고, 도망칠 때도 경비들과 계속해서 만나야 하기 때문에, 경비원이 많은 지역이 상대적으로 안전한 지역이 된다.

안전한 지역에 저렴하고 좋은 아파트를 찾으면 아이들의 통학버스가 문제이다. 교통 체증이 심하기 때문에 학교의 인근 지역 중에서 찾아야 하고, 통학버스가 큰 도로를 중심으로 다니기 때문에, 일반도로에서 좀 들어가 있는 아파트는 통학버스를 타기 위해서 비포장도로를 걸어나가야 한다. 도로에서 차를 기다려야 하기 때문에 이것도 위험할 것 같아서, 선택의 폭은 점점 좁아진다.

싸면서 좋은 집을 언제 구할 수 있을지…….

임대하는 집이 있다고 표시하는 간판(To Let)

가리사

프로젝트 현장은 나이로비에서 차로 6시간 정도 걸리는 가리사에 있다. 가리사는 소말리아와 국경에서 약 60km 정도 떨어진 곳에 있다. 가리사란 도시는 도청 소재지와 비슷하고 10만 명이 살고 있다고 하는데, 도시를 둘러보면 어떻게 이 작은 도시에서 10만 명이나 되는 사람이 산다는 것인지 믿기지가 않는다.

나이로비에서 가리사까지 도로는 대부분 포장도로이지만, 중간중간에 도로가 좋지 않아서, 속도를 빨리 낼 수 없다. 포장도로가 관리가 되지 않아 도로 중간에 움푹 파여 있어도 보수가 바로 이루어지지 않아, 타이어나 차량을 보호하기 위해 가다 서다를 반복해야 한다.

케냐에서는 유류를 판매할 때 도로를 보수하는 비용을 포함해서 판매하고 있다고 하는데, 보수하는 비용이 즉각적으로 이런 길에는 투입되지 않고 있다.

가리사에 갈 때는 점심을 먹지 않고, 바로 가리사로 갈 때도 있다. 몇 번 중간 도시에서 식당에 들어가 점심을 먹으려고 했지만, 점심을 먹기 위해 한 시간 이상을 기다리고 난 후부터 출발할 때 집에서 도시락을 준비해서 음료수와 맥주를 파는 식당에서 콜라와 같이 점심을 해결한다.

가리사에 가까이 가면 마지막 한 시간가량은 사막이 나타난다. 사막이라고 하지만 조그마한 마을도 있고, 가끔 생각지도 못하는 사람이 걸어 다니곤 한다.

몇 개의 도시를 건너서 가리사에 도착하면, 사막 중간에 있는 신기루 같은 도시를 만나게 된다.

나이로비에서 6시간밖에 걸리지 않지만 하루에 가리사를 갔다가 돌아오지는 않는다.

나이로비 인근에 있는 티카(Thika)라는 곳이 저녁이 되면 위험해서 주간에만 이동하고 있다. 현지에 오래 살고 계시는 분이나 케냐 사람들은 밤에도 이 도시를 잘 통과하고 다니기도 하지만 위험한 일은 아예 하지 않는것이 안전을 확보하는 방법이다.

가리사 입구에서 본 가리사 전경. 도로 앞으로 작게 보이는 하얀색 점들이 도시에 있는 건물들이다

가리사 노메드 호텔

가리사 노메드 호텔 객실

차 구입하기

회사에서는 한국에서 차가 도착할 때까지 렌터카를 이용하기 때문에 집에서 사용할 차를 사기로 했다. 차는 일반 승용차보다는 많이 비싸지만, 비포장길이나 험로에서 안전하게 다닐 수 있는 스포츠형 다목적 차량(SUV)를 사기로 했다.

케냐에는 우리나라와 반대편에 운전석이 있기 때문에 일본, 싱가포르, 호주, 영국 등에서 중고차가 들어오는데, 대부분 일본에서 중고차를 수입해 온다.

중고차는 중고차 시장에서 살 수도 있고, 카센터에서 살 수도 있다. 나이로비에는 한국교민이 하는 소닉(Sonic), 뉴월드(NewWorld), 3M, 쌍용자동차라는 4개의 카센터가 있는데, 먼저 교민이 운영하는 카센터에서 차를 알아보기로 했다. 케냐 사람들이 하는 중고차 가게도 많이 있지만, 케냐에 온 지 얼마 되지 않는 나에게는 한국말이 되는 곳에 가는 것이, 돈이 좀 비쌀지라도 완전히 속지는 않을 테니 한국 사람에게 차를 사기로 했다.

'소닉'이란 카센터를 찾아가서 차를 둘러보았지만, 공교롭게도 승용차만 있어서, '뉴월드'로 향했다. 뉴월드에는 일본에서 들여온 지 7년 된 도요타 RAV4라는 차를 구매하기로 했다. 사장님이 수입을 해서 직접 타시던 차라는 소리에 차량관리가 잘되었겠다는 생각이 들어 차를 사기로 했다.

처음 케냐에 올 때 계획한 예산보다는 훨씬 비싼 차를 사게 되었지만, 차는 정말 마음에 들었다. 그래도 한국 분이 하는 카센터라서 보험과 소유권 이전(소유권을 이전한 서류 중 Pin Number가 아직 만들어지지 않았다)을 믿을 수 있는 장점이 있다.

뉴월드 사장님과 계약서를 적고, 수표로 차를 샀다. 차를 사기는 했지만, 이제부터 운전기사를 구해야 한다. 어떻게 기사를 구해야 할지 또 다른 걱정거리가 생기기 시작했다.

차를 사서 집까지 차를 몰고 돌아왔다. 가까운 거리인데도 왼쪽에 앉아서 운전하니 이상하게 느껴졌다. 국제면허증을 가지고 차를 운전할 수 있어서 그래도 다행인 것 같다.

7년 된 새 차가 앞으로 아무런 고장 없이 잘 운행되기를 바랄 뿐이다.

뉴월드 정비공장 내부

내 친구에게 초대받다(첫 Sleep Over Party) - 세민

나는 학교에 간 지 3일 만에 알렉샌드라라는 친구에게 1박 2일 파티에 초대를 받았다. 케냐에 온 뒤 처음으로 초대를 받아서, 초대장에 적혀 있는 대로 이틀 뒤 금요일 아침에 준비물을 가지고 학교로 갔다(출발 시각이 학교를 마치고 바로였다). 초대받은 다른 아이들도 침낭과 옷이든 가방을 학교에 가지고 왔다.

우리는 차에 짐을 다 싣고, 친구 집이 학교에서 얼마 떨어져 있지 않아서, 다 같이 걸어갔다. 집은 2층집이었다. 앞쪽에는 큰 숲이 있었고 숲 사이로 길이 나 있었다. 앞쪽에는 개들이 있었다. 우리는 방으로 들어가 짐을 두고 밖에서 감자튀김과 핫도그를 먹었다. 빵에 소시지를 끼워 먹었기 때문에 소시지는 우리가 불에 직접 구워 먹었다.

친구 집에 어떤 미술 선생님이 가면(?)을 만드는 준비물을 가지고 왔는데 나는 철사에 천을 붙이고 물감도 칠했다. 그리고 유리로 만든 구슬도 끼워서 마무리하여 신문지 위에 말렸다. 가면을 다 만든 친구들은 숲으로 뛰어가 나뭇가지로 작은 집을 만들었다.

친구 집의 입구와 출구는 총 2개였다. 우리는 거실 마루에서 피자와 주스를 마시면서 "찰리와 초콜릿 공장"이라는 영화를 보았다. 나는 그때 피자를 7조각 먹었는데 너무 배가 고팠나 보다.

영화를 다 보고 2층으로 잠을 자러 올라갔다. 방에 들어가서 게임을 했는데 카드를 보고 그 단어를 몸으로 표현하는 게임이었다.

그러나 나와 내 친구(엘리아나)는 너무나도 잠이 와서 그냥 잤다.

다음 날 아침에 일어났는데, 내가 제일 먼저 일어나 정말 당황스러웠다. 아침을 먹고 게임을 하였는데 보물찾기 미션(?)을 받고 친구들이 두 팀으로 나누어 다니는 것이었는데, 정말 재미있었다. 우리가 이겨서 파티백이란 것을 받았는데, 안에는 장난감, 사탕 등이 들어 있었다.

나중에 보니 오늘은 내 친구의 생일이었는데, 초대장에 생일이란 말이 안 적혀 있어서 선물을 가져오지 못해서 미안하다고 하였다.

부모님이 데리러 오셔서, 그늘에 말려 놓은 가면을 가지고 집으로 돌아왔다.

세민이의 학교친구들

세민이의 첫 슬립오버 파티

세민이의 첫 슬립오버 파티가 있었다. 학교 첫날 파티 초대장을 가지고 집으로 왔다. 초대장에는 슬립오버 파티(Sleep Over Party)라고 하는데, 준비물에 침낭까지 적혀 있다. 영어도 잘 못하는 아이가 그런 파티에 갈 수 있을지 걱정이 되었지만, 학교에 들어가자마자 처음 초대받은 파티인데, 되도록 갔으면 좋겠다는 생각도 들었다. 하지만 일단 세민이의 의견을 물어보기로 했다.

세민이는 '가겠다.'고 대답했다.

영어로 의사소통이 되지 않아 걱정이 앞서지만, 그렇다고 영어가 안 되니 그냥 집에 있으라고 할 수도 없는 처지이고 정말 학교 생활이 쉬운 것 같지 않다. 일단, 초대장에 적혀 있는 초대한 아이의 엄마에게 파티에 참석하겠다고 휴대전화 문자를 보냈다.

드디어 금요일 아침 침낭과 추리닝, 플래시 등 초대장에 적혀 있는 물건을 챙겨서 학교에 보냈다.

그리고 세민이에게 혹시 문제가 생기면, 문자나 전화를 하도록 휴대전화를 기져 가도록 하였다. 웨스트나이로비(WNS)에 다니고 있는 대부분의 아이는 휴대전화를 가지고 있지 않다. 아이들이 주로 차로 움직이고 정해져 있는 루트만 움직이니, 별도의 휴대전화가 필요가 없다.

한국에서는 세민이와 지민이도 학원을 갈 때 휴대전화를 가지고 다녔지만, 이곳에서는 특별한 날에만 휴대전화를 주고 있다. 대부분의 부모는 특별한 날에도 별도의 휴대전화를 아이에게 주지 않는다. 파티에서는 부모가 좀 늦게 아이를 데려가더라도 초대한 부모가 끝까지 아이를 책임져 주고, 항상 초대장에는 부모들의 휴대전화 번호를 기재하기 때문에 아이와 연락이 가능하다.

걱정하면서 보낸 금요일 밤이 지나고, 토요일 오전 10시에 세민이를 데리러 초대장에 적혀 있는 카렌(Karen)이란 지역에 있는 세민이 친구 집으로 갔다. 친구 집은 정말 넓고 좋은 집이었다. 한적한 지역에 있어, 대문에서 집 현관까지 가는 길에 숲길을 차로 몇 분을 타고 들어가니 2층집이 나타났다. 나는 이런 집은 무서워서 못 살 것 같은데, 취향이 다른 것 같다. 집 안으로 들어가니 수영장이 있는 2층집으로 영화에서 나오는 일반적인 서양 가정집의 모습이었다.

파티를 초대한 부모와 인사를 하고 세민이를 찾으니, 놀고 있던 아이가 재미있어 하는 것 같지만 피곤한 얼굴로 나타나서 지금 놀고 있는 것만 마치고 출발하자고 하면서 사라졌다. 초대한 부모에게 고맙다는 인사를 하고 한국 특산품(열쇠고리)을 선물하고 집으로 왔다.

세민이는 집에 돌아와서 엄청나게 짜증을 내었다. 짜증을 내는 이유를 알아보니, 영어를 알아들을 수가 없어서 엄청나게 힘들었다고 한다. 게임을 하는 데도 힘들었고, 아이들이 잠을 자기 전에 영어로 이야기하는데 도저히 이해가 되지 않았다고 한다. 세민이는 집으로 돌아와서 한 번 펑펑 울고 나서, 낮잠을 자기 시작했다.

이제, 첫 슬립오버 파티는 끝이 났지만 언제까지 이런 힘든 생활을 해야 할지 알 수 없었다.

영어가 언제쯤 편안하게 될지…….

손빨래와 공포의 스펀지 침대

단자이 아파트에는 세탁기가 없어서 매일 아내가 손으로 빨래하고 있다. 도착한 첫날부터 손빨래가 시작되었는데 처음 며칠은 씩씩하게 하는 것 같더니 더운 지방이라 빨래거리가 많고, 손으로 물을 짜는 것도 힘이 들고, 빨래할 공간이 없는 조그마한 욕탕 안에서 해야 하기 때문에 불편해 했다. 그리고 빨래를 해도 햇볕이 잘 들지 않아서, 잘 마르지 않으니 불편한 점이 한둘이 아닌 것 같다.

빨래외에도 침대 매트리스가 일반 스펀지로 되어 있어서, 잠을 자고 나면 허리가 아프다. 우리 가족들은 공포의 스펀지 침대라고 하지만, 정말 침대 매트리스가 스펀지이니 침대에 들어가면 몸이 스펀지에 푹 빠져 버린다. 그렇다고 추운 바닥에서 잠을 잘 수도 없고 정말 침대는 좀 바꾸고 싶다.

밤에는 우기라서 매일같이 비가 내리고 있다. 케냐에 있는 대부분의 차는 도난 방지를 위해서, 충격센서가 있는 도난방지기를 달고 있다.

충격센서를 너무 민감하게 해놓으면, 비가 올 때도, 옆에서 문을 닫을 때도 충격으로 받아들여서 시끄러운 경보기가 울리는 차들이 종종 있다.

한밤에 비가 내릴 때 아파트 주차장에 주차된 몇몇 차들의 경보기가 울려서 시끄러운 소리를 내어, 자다가 놀라서 일어나 무엇 때문인지 창문으로 달려가기도 했지만, 요즘에는 또 비가 오는구나 생각하면서 계속 잠을 청한다.

단자이 아파트 주차장

아파트 계약

아파트를 구하기 위해서 돌아다니고 있다. 나이로비 사무실과 아이들의 학교와 가까운 지역을 먼저 정하고, 아이들의 통학버스가 다니는 길을 중심으로 아파트 중에서 빈집이 있는지를 골라서 돌아다니고 있다. 처음에는 가격과 안전, 집의 상태 등을 모든 것을 생각하면서 돌아다녔지만, 가격이 적당하면 아이들 통학버스가 타기 불편하고, 도저히 모든 것을 만족할 수 없어서, 우선순위로 아이들의 통학버스, 안전, 그 다음 집값과 집의 상태를 따져 보기로 했다.

통학버스의 움직이는 노선과 안전한 지역을 찾아서 아파트 앞에 'To Let' 간판이 있는 곳을 보고, 경비에게 빈집을 구경 왔다고 이야기하면서 아파트를 구경하였다.

아이들이 원하는 수영장이 있는 아파트는 구하질 못했고, 통학버스가 바로 앞에 지나가고 1킬로미터만 가면 커다란 쇼핑센터가 있는 Watford Park라는 아파트로 결정했다. 아파트가 있는 지역은 물 사정이 정말 좋지 않다고 들었지만, 현재 지하수 공사중에 있고, 지하수가 약 3개월 정도 뒤면 가동된다고 해서 집을 결정했다.

집주인을 만나서 계약서를 적고, 6개월 동안 월세를 한꺼번에 내는 조건으로 흥정해서, 월세를 65,000ksh에서 62,000ksh으로 깎았다. 보증금으로 한 달 월세를 내야 해서, 총 7개월의 월세 금액을 내니, 앞으로 살 집이 해결되었다.

이제 아이들 학교도, 집도 모두 해결 되었다.

나이로비에서는 지하 300m를 뚫어야 물이 나온다
3개월 만에 된다는 공사가 7개월이 되어서야 지하수를 이용할 수 있었다

세민이가 박테리아에 감염됐다

세민이가 며칠째 배가 아프다고 하고 있는데, 정로환을 먹여 보았지만 좀처럼 좋아질 기미가 보이질 않는다. 아프리카라는 곳이 병에 걸리면 대책이 없다. 한국처럼 병원을 왔다 갔다 하는 비용이 싼 것도 아니고, 병원을 간다고 하더라도 정확하게 진단해 주는 것이 아니니, 어떻게 해야 할지 잘 모르겠다.

주변의 한국 분들에게 물어보니 박테리아가 가장 의심스럽다며, 말라리아 등 열대병 전문 병원인 Dr. 충계(의사 선생님 이름)의 병원에 가라고 했다. Dr. 충계의 병원은 우리 집에서 몇 블록 떨어진 2층으로 된 가정집같이 생긴 병원이었다.

병원에 가니 외국인들도 있고 현지인들도 기다리고 있었다. 접수대에서 진료카드에 신상명세를 간단하게 적고, 진찰료 2,000ksh을 내고, 진료를 기다렸다.

접수대 직원이 Dr. 충계에게서 진료를 받으려면 많이 기다려야 된다고 해서, 같은 병원에 있는 다른 의사선생님에게 진료를 받기로 했다.

진료실에 들어가기 전에 혈압과 몸무게, 체온을 재고 진찰실로 들어갔다. 의사 선생님은 세민이의 배를 눌러 보면서, 이곳이 아픈지 언제부터 아픈지 등을 물어보았다.

몇 가지의 검사를 해봐야 정확하게 알 수 있지만 지금은 박테리아 때문인 것 같으니 오늘부터 약을 먹고, 이틀 뒤에 나오는 검사 결과에서 혹시 다른 병에 걸렸다면 추가적인 치료하자고 했다.

처방전과 실험실에서 검사할 목록을 들고, 접수대로 가서 피검사, 소변검사 같은 각종 검사비를 2,000ksh을 내고, 바로 옆 건물에 있는 실험실에 가서 피를

뽑고 소변을 채취했다.

모든 검사와 진료를 마치고 처방전을 가지고 약국으로 갔다. 나쿠마트 정션(우리 집 옆에 있는 대형 쇼핑센터)에 있는 약국에 가서 처방전을 보여 주고 유럽에서 만들어진 약을 1,500ksh을 주고 샀다. 진료비와 약 값이 너무 비싸다.

얼마 전에 입학 서류용 건강검진을 위해서 소아과를 갔다 온 것과 아파서 병원에 가야 하는 것은 전혀 다른 느낌이다.

약을 먹고 나서, 금방 나은 것처럼 배가 고프다고 밥을 먹는 아이를 보니 조금 위안은 된다.

쇼핑센터의 식당가

박테리아 감염된 날 - 세민

케냐에 온 지 3주 만에 박테리아에 감염됐다. 샐러드에 나오는 채소도 먹지 않았는데, 왜 걸렸는지 궁금하다.

내가 걸린 박테리아 덕분에 우리 가족이 처음으로 케냐 병원에 가게 되었다. 병원은 케냐에서 유명하다는 의사 선생님 이름인 Dr. 충계병원라는 병원으로 갔는데, 유명해서인지 사람들이 많이 기다리고 있었다.

처음으로 병원에 갔기 때문에 어떤 서류를 작성하였다. 서류를 대충 보았는데, 한국에서 병원에 처음 갈 때 적는 것과 비슷하였다. 이름, 생일, 집, 부모님 성함, 휴대전화 번호 같은 것들이었다. 부모님이 서류를 다 작성하고 난 뒤, 소파에 앉아서 기다렸다. 그리고 얼마 뒤, 내 이름이 불려서 부모님과 같이 올라갔다.

계단이 조금 높았기 때문에 떨어질 것 같아서 옆에 있는 손잡이를 잡고 걸었다. 의사 선생님께서는 유명하다는 선생님은 아니셨고, 여자 의사 선생님이셨다. 그 의사 선생님은 내 배를 누르면서 아픈지 물어보며 눌러 보았다(한 곳은 아프긴 아팠는데 배가 너무 고파 누르니 더 고파져 아프다고 하자 웃었다). 그리고 의사 선생님은 내가 박테리아에 감염됐다고 하고, 어떤 약을 처방받을지 적어 주셨다. 진료를 다 받고, 내려올 때는 떨어질 것 같아 너무 힘들었다.

그리고 그 옆 건물에서 피 검사를 하는데, 팔에 피가 안 통하게 하려는 기구를 팔에 감는데, 감는 도중 내 살이 끼여서 너무 아팠다.

병원에 갔다가 집에 와서 먹을 것을 먹었다. 다시는 병원에 가고 싶지 않다.

나의 제일 친한 친구 – 지민

아랫줄 왼쪽부터 미셸, 지민, 윌리, 릴리(쿠키 콘테스트에서 학년별로 노래 부를 때)

나와 가장 친한 친구는 윌리와 그레이스이다. 윌리는 노란 머리에다 버섯 모양 머리를 가지고 있고, 그레이스는 한국인이라서, 우리 모습과 비슷하다. 웃을 땐 귀여운 윌리와 그레이스!!!

두 명 다 책을 좋아한다. 나랑 성격도 잘 맞아서, 정말 좋은 B.F.F.(최고의 친구, Best Friend Forever의 약자)이다.

쉬는 시간에도 그레이스와 윌리와 같이 논다. 그리고 그레이스는 한국인답지 않게 영어를 잘한다. 그래서 내가 모르는 말이 있을 땐 대신 말해 준다.

그레이스 집에서 쌀과 떡을 팔았기 때문에 자주 가서 더 친해졌다. 윌리와 친한 이유는 학교에서 같이 많이 놀기 때문이다. 나는 윌리와 그레이스가 인상을 찌푸리고 다녀서 무서웠는데, 성격은 착하다.

앞으로 친구들과 더 친해지고 싶다.

학교 놀이터

영어 못한다 - 지민

나는 여러 친구들과 같이 어울려야 하는데 그러지도 못하고 있다.

왜냐, 영어, 영어 때문에……. 난 영어를 못해서, 말할 때 전자사전으로 찾아서 말을 하고 있다.

그리고 수업시간에 2학년인데, 1학년 문제집 같은 것을 풀고 있다. 수준차이가 나고 혼자 수업을 받는 것 같다. 선생님께서 친절하게 대해 주시지만, 이것만은 나를 달라지도록 못 한다. 외로움…….

학교에 배우기 위해 오는 건데 다르게 공부하고 있어, 수준이 알맞지 않은 것 같다.

나는 처음에는 외로움을 별거 아니라고 생각하고 누구보고 '너 영어 발음 웃기다.' 같은 말을 했었는데, 이제 생각해 보니 나도 영어를 못한다. 나도 못하면서 다른 사람한테 영어를 못한다고 말한 것이 후회된다.

영어를 못하는 것은 이 학교에서 제일 없어야 할 것이다. 왜냐하면 영어로 수업을 듣기 때문에 영어를 못하면 수업이 무슨 말인지 모르기 때문이다.

그래도 난 그레이스가 있어서 조금 안심이 된다. 하지만 영어 못하는 것은 나에게 아주 큰 슬픔이다.

나는 영어 못하는 친구를 이해해 주겠다. 영어를 열심히 더 노력해서 영어 잘하는 아이가 되고 싶다.

침대와 전자제품 사기

집도 계약을 했고, 소닉카센터 사장님의 도움을 받아 운전기사도 고용했고 이제 점점 케냐 생활이 자리를 잡아가는 것 같다. 요즘에는 이사를 할 집에서 사용할 물건들을 구매하고 있다.

가전제품을 사러 나쿠마트(www.nakumatt.net)에 갔다. 나쿠마트는 한국의 '이마트'나 '롯데마트' 같은 대형마트인데 나이로비 시내에도 여러 곳이 있어, 나이로비에서 쉽게 볼 수 있다. 나쿠마트에는 전자제품부터 가구, 식료품 등 거의 모든 제품을 판매한다. 심지어, 오토바이, 책까지 있다. 그리고 나쿠마트 포인트 카드가 있어, 적립된 포인트를 현금같이 사용할 수도 있다. 케냐에 오기 전에 한국의 대형마트와 같은 대형마트가 있다는 말이 이해가 되지 않았지만, 정말 한국의 대형마트와 비슷하고, 오히려 한국보다 더 다양한 제품을 팔고 있다.

집 근처에 있는 나쿠마트에서 침대와 매트리스를 사기로 했다. 단자이 아파트의 스펀지 매트리스 때문에 허리가 아파서 매트리스만은 좋은 것으로 사고 싶어서 상당히 비싼 것을 샀지만, 침대 프레임은 사지 않고 매트리스를 바닥에 바로 깔고 살기로 했다.

아이들은 2층 침대를 사기로 했다. 아래에는 퀸사이즈 침대가 있고 위층에는 싱글 사이즈 침대가 있는 예쁜 침대였다. 아이들이 한 번도 2층 침대를 사용해 본 경험이 없어서 1년만이라도 2층 침대의 추억을 가지게 하기 위해서 2층 침대를 샀다.

거실 마룻바닥이 너무 차가워서 카펫과 식탁으로 사용할 플라스틱 탁자와 의자를 사서, 이사날 한꺼번에 배달되도록 예약했다.

집에서 사용할 그릇(유럽제 좋은 것들이 많이 있지만, 너무 비쌌다), 프라이팬, 냄비 등은 유럽제 중에서 가장 심플한 것을 샀다. 케냐에서 생산된 물건은 너무 품질이 조잡하고, 조금 좋아 보이는 물건은 유럽에서 수입한 것이라 비싸기 때문에 가족 수에 맞추어 그릇을 샀다. 만약 다른 사람이 우리 집에 밥을 먹으러 온다고 하면, 그릇이 부족해서 모든 사람이 같이 앉아서 식사하지 못할 것 같다.

집에서 필요한 전자제품은 사릿센터(Sarit Centre, www.saritcemtre.com)에 있는 Hotpoint(www.hotpoint.co.ke)에서 냉장고, 세탁기, 진공청소기를 LG 제품으로 샀다. 케냐에서는 LG 가전제품들이 상당히 유명하다. 물건을 사고 이사하는 날에 물건을 배달해 달라고 예약하고, 계산한 후 집으로 돌아왔다.

나쿠마트 계산대

나쿠마트 정션(Nakumatt Junction) - 세민

우리는 각종 가구, 전자제품과 먹을거리를 사러 나쿠마트 정션이라는 마트로 갔다. 나쿠마트의 이름은 나쿠루(Nakuru)에서 첫 가게를 열어 나쿠를 따오고, 뒤에 있는 마트는 영어로 하면 Matt로 매트리스 사업을 해서 마트라고 지었다고 한다.

나쿠마트 정션 입구로 들어가면 차들이 주차장에 주차장이 있다. 건물 주변으로 가게들이 있고, 건물 안 왼쪽으로는 옷가게와 음식점, 서점이 있고, 오른쪽으로 나쿠마트가 있다. 건물 안 네 갈래 길이 있는 곳에는 가구가 전시되어 있다. 그중 2층 침대도 있었는데, 우리들은 2층 침대에서 자고 싶어 2층 침대를 사달라고 했다. 부모님께서는 우리가 사이좋게 지낸다면 2층 침대를 사줄 수 있다고 하였다.

그리고 처음 마트 안으로 들어갔을 때는 깜짝 놀랐다. 땅이 넓어서 그런지 마트가 너무 넓어서 길을 잃어버릴 정도였고 갖가지 제품이 2층까지 전시되어 있었다. 과자들이 있는 곳에는 우리나라 과자인 '칸쵸'와 '초코파이'를 팔고 있다. 우리나라 물건이 케냐에서 팔리고 있다는 게 왠지 모르게 뿌듯하였다. 마트에는 학용품 코너, 과일 코너, 비누 코너 등 심지어는 생일 파티 용품 코너까지 있었다.

마트에서 재미있었던 점은 샴푸를 파는 코너에서 가발도 팔고 있다는 것이다(나중에 그 이유를 물어보니 케냐 사람들은 원래부터 곱슬머리라서 가발을 이어 펴지 않으면 머리를 파고들어 가기 때문에 가발을 쓴다고 했다). 많은 사람이 계산대에 항상 줄을 서서 기다리고, 계산을 마치면 계산대 옆에 서 있는 아저씨들이 비닐봉투에 물건을 담아주었다.

나쿠마트 정션 외부모습과 주차장

JUNCTION
SIR HENRY'S
WIMPY
WIMPY

2학년 수학은 아주 쉽다. 한국에서는 보통 곱셈(x)을 하는데 웨스트나이로비(WNS)에서는 덧셈(+)을 한다.

그것도 예를 들어서 2+2=4, 6+4=10 같은 것 말이다.

영어는 못하지만 수학은 자신 있다.

선생님께서 수학게임을 하자고 했다. 두 명씩 문제를 풀어서 더 빨리 푸는 사람이 다른 사람이랑 같이 다시 문제를 풀어가는 게임이다.

나는 한 바퀴를 다 돌았다.

아이들이 와! 하며 쳐다보면서 놀라고 있었다.

나는 우리 반에서 수학을 제일 잘하는 아이가 되었다. 한국에서 1학년이 하는 것을 하고 있어서 너무 쉬웠다. 우리 반에서 나 말고 잘하는 아이는 젤리라는 남자아이이다. 나보다 더 못 맞힐 때도 있지만 잘한다. 그 다음은 예시란 아이가 잘한다.

난 지겨웠던 수학이 점점 즐거워진다.

우리 선생님(Mrs. Bevins) - 지민

Mrs. Bevins

우리 선생님 이름은 Mrs. Bevins이다. 항상 웃어 주시고, 잘한 아이들을 칭찬해주시는 분이다.

아빠가 우리 선생님이 하나님의 부름을 받고 오셨다고 하셨다. 나는 그런 좋은 선생님한테서 배운다고 생각하니 기분이 좋다.

한마디로 웃는 할머니 선생님이시다. 그래도 내 눈엔 날 도와줄 천사 같다. 웨스트나이로비는 로즐린이란 학교보다 작지만 선생님은 이쪽 선생님이 제일 좋은 것 같다.

내가 다니는 학교(웨스트나이로비)에 와서 좋고, 착한 선생님한테 수업을 들어서 좋다. 나는 우리 선생님이 아주 좋다. 우리 선생님은 안경을 끼며, 똑똑해 보이시는 것 같다. 머리가 길다. 머리 색깔이 마음에 든다.

선생님 덕에 내가 영어를 잘할 수 있었던 것 같다.

선생님, 고맙습니다.

동아프리카의 거점 도시, 나이로비

나이로비는 동아프리카 지역에서 외국인들의 가장 많이 사는 도시이다. 영국 식민지 시절부터 사회기반시설이 이루어져 있고, UN의 산하기관인 UN 환경계획(UNEP: United Nations Environment Program)의 본부가 있어 환경 관련 외교의 중심지로 많은 외국인이 살고 있다.

나이로비에는 가족들이 살고, 주변의 국가에서 일하는 외국인 가족들도 많이 있고, 많은 선교 단체들도 케냐에 베이스캠프를 만들고 소말리아, 우간다, 수단 등의 주변 국가를 관리하기 때문에 상대적으로 외국인의 비율이 높은 편이다.

케냐 현재의 상류층 사람, 옛날의 중간지배 계층이었던 인도 사람, 백 년이 넘게 정착한 선교사, 최근에는 UNEP 등 다양한 분야에서 일하는 외국인들이 넘쳐나면서, 커피숍, 일식당, 이탈리아 식당 등 다양한 식당과 편의시설이 있다. 쇼핑센터도 많이 있어 다른 아프리카 국가보다 물건을 구하기가 쉽다.

최근에는 중국인이 점점 많아져서 동양인들이 살기에도 편해지고 있다.

쇼핑몰에 있는 각종 가게들

이사하는 날

이사하는 날이 되었다. 며칠 전부터 짐을 왓포드 파크(WatFord Park) 아파트로 조금씩 옮겨놓아서, 이사 날이라고 하지만 옮길 짐은 거의 없다. 아파트를 계약하고 집이 완벽하도록 보수를 요구했다. 계약 기간을 마치고 나갈 때 모든 보수비용을 주어야 하기 때문에, 완벽하게 보수를 하고 들어가는 것이 중요하다. 집 안에는 전등은 있지만 전구는 없다. 전구도 수입을 하기 때문에 가격이 비싸, 이사할 때 모두 가져가 버린다. 이사 갈 집의 전등이 일반 전구를 사용하는 것이라서 너무 어두웠기 때문에, 거실과 방에 있는 전등을 형광등으로 교체했다. 형광등 세트를 직접 구매해서 전기수리공에게 설치하라고 했다. 이사를 갈 때에는 처음에 달려 있었던 전등으로 다시 바꾸어야 하기에 전등은 창고에 잘 보관했다. 형광등 세트도 5개를 사니 거의 20만 원이 날아가 버렸다.

오늘 가장 큰일은 주문한 물건을 받는 것이다. 주문한 물건들은 신기하게도 약속 시각에 거의 맞추어서 왔지만, 세탁기를 옮기다 부딪혀 외부가 파손되어 3~4일 뒤에나 새 제품을 배달해 준다고 했다. 세탁기가 우리 집에서 가장 시급한 품목인데 문제가 생긴 것이다. 케냐에 도착해서 매일 아내가 모든 빨래를 손빨래하고 있어 세탁기만 기다리고 있었다. 바로 HotPoint로 가서, 외부가 파손된 세탁기라도 좋으니 할인(DC)만 해주면 가지고 갈 수 있다고 했지만 그렇게는 안 된다고 해서 돈을 더 내고 용량이 좀 큰 세탁기라도 무조건 오늘 중에는 꼭 배달하는 것으로 하고 돌아왔다.

LG 세탁기(정전이 되어도 동작을 기억하고 연결해서 작동한다)

LG 냉장고(열쇠가 달려 있고, 전기보호장치를 전기콘센트에 달고 사용한다)

토이마켓

아내가 중고 물건을 파는 '토이마켓'에서 커튼을 사 왔다. 토이마켓에는 유럽에서 사용한 중고품을 파는 가게들이 모여 있다. 옷, 책, 가방, 구두 등 각종 중고품이 있고, 현지인은 물론, 한국 사람과 외국인도 물건을 사러 가는 사람이 많이 있다. 물건들이 저렴하기도 하지만, 가끔 저렴하면서도 멋진 물건을 건질 때도 있다.

집에는 창문마다 커튼이 꼭 필요하다. 커튼이 없으면 밖에서 안이 전부 다 들여다보이고, 새시 사이로 들어오는 바람 때문에 단열을 위한 커튼이 꼭 필요하다. '토이마켓'에서 사온 커튼을 세탁기로 세탁해서 다 마르지도 않은 채로 부엌과 거실에 달았다.

큰방에는 토이마켓에서 사온 커튼이 부족해서, 비닐로 된 샤워 커튼을 임시적으로 길게 붙이기로 했다. 유리 창문이 있는 창틀이 한 겹이고, 창문틈으로 바람이 많이 들어와 추웠는데 샤워 커튼으로 막으니 효과가 확실했다(이 샤워 커튼은 우리가 돌아오는 날까지 계속해서 우리 집 창문에 붙어 있었다).

한국에서는 남이 사용하던 물건을 사서 입는다는 것은 생각도 못해본 일이지만, 가격이 저렴하고, 좋은 품질과 다양한 물건을 만족할 수 있어 가끔씩 저렴한 상품을 낚시하러 가는 한국 아주머니들도 있다고 한다.

시장에서 중고 옷과 신발을 파는 가게

케냐의 새집에서 생활이 시작된다

따뜻한 물은 전기히터를 사용한다. 집 중간에 전기히터와 온수 탱크가 있고, 필요할 때마다 전원 스위치를 넣어서 히터를 켜야 한다.

우리 집은 4층인데, 아파트 맨 위층에 있다. 집에 들어가면 넓은 거실과 부엌, 방이 3개가 있다. 케냐에서 집의 크기보다는 방의 숫자로 이야기 한다.

거실에 카펫을 깔고, 플라스틱 탁자와 의자, 이층침대, 침대 매트리스, 냉장고, 세탁기, 청소기 한 대로 케냐 생활이 시작된다.

왼쪽 맨 위에 있는 집이 우리집이다

왓포드 파크(Watford Park) - 세민

오늘 우리는 단자이 아파트에서 다른 곳으로 이사하였다. 새집 이름은 왓포드 아파트먼트였다. 학교를 갔다 와서 집 안으로 들어가니 너무나도 넓어서 좋았다.

마루도 넓고, 주방도 넓고, 화장실도 넓었다. 우리는 주방이나 방에 가구들이 있는 것을 보았다. 방과 화장실은 각각 3개 있었는데, 방 한 개는 비어 있고, 부모님 방으로 보이는 곳에는 큰 화장실에 샤워실, 목욕탕이 있었고, 바닥에는 매트리스 한 개가 있었다. 우리 방처럼 보이는 곳에는 우리가 그렇게 바라던 이층침대가 있었다. 그런데 이층에서 자면 몸부림이 심해서 떨어질 수 있으니 못 잔다고 하였다. 우리는 이불 3개로 이층침대 옆쪽으로 벽을 만들어서 침대 1층 안쪽이 작은 방이 되게 하였다.

내가 듣기로는 한국에서는 집의 가격을 몇 평이란 크기로 결정하는데 여기서는 방의 개수로 결정한다고 하였다. 그리고 집에서는 정전이 잘 된다고 하였다.

일 년 동안 우리와 살게 될 집을 만나서 기뻤다.

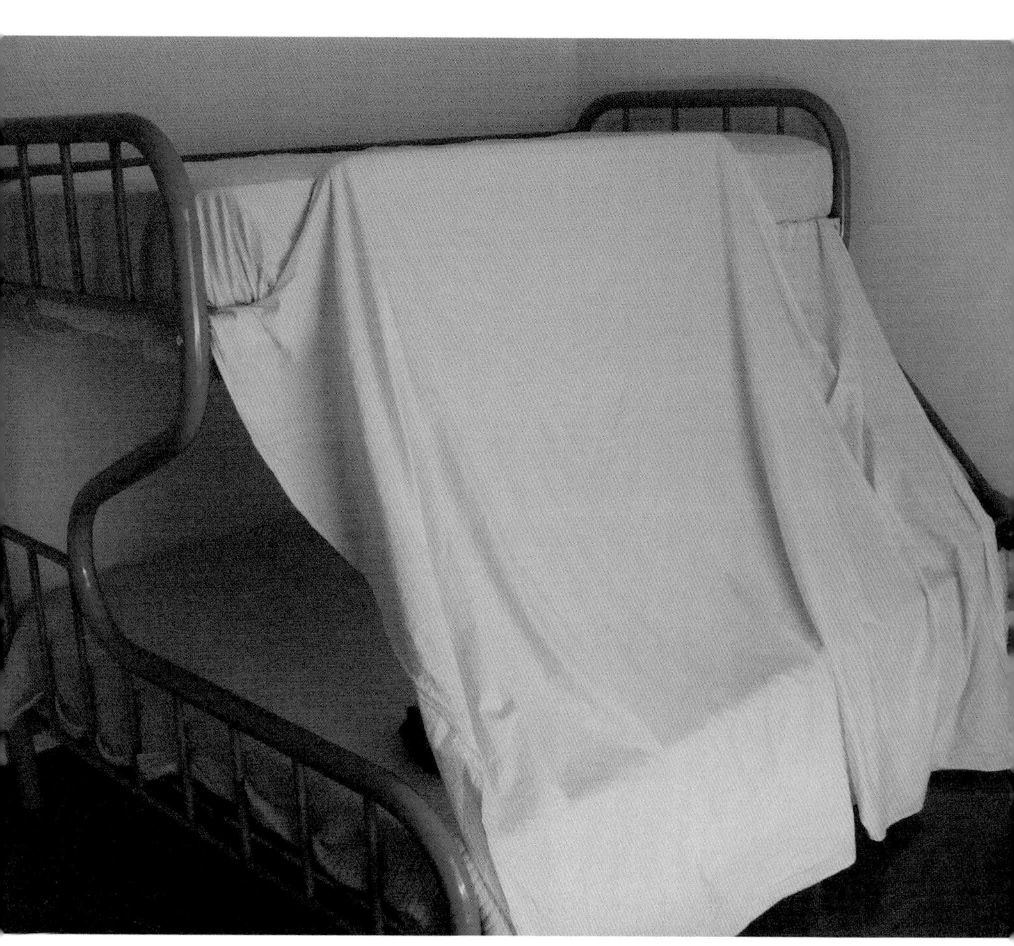
이층침대. 중간에 추위를 방지하기 위해서 침대 시트를 쳤다

왓포드 아파트(Watford Park) - 지민

단자이 아파트에서 왓포드 아파트로 이사하였다.

여기가 우리가 케냐에서 1년 동안 살아갈 집이다.

야호!!! 왓포드는 정말 컸다.

우리 한국과 비교가 될 정도이다. 아주 큰 마루 1개, 넓은 방 3개, 부엌 1개, 식탁 1개(우리가 밥 먹을 곳). 한국은 땅이 넓은데도 남한, 북한으로 나누어져서 집이 작지만, 케냐는 땅이 커서 집이 더 넓은 것 같다.

아 참! 그리고 밖에 베란다도 있다. 내가 바라던, 상상하던 그런 집이었다. 하지만 우리 방은 너무 커서 무서웠다.

그리고 우리 방에……! 우리 방에……! 이층침대(!)가 있었다. 난 2층에도 못 올라가 보고, 꿈에만 그리던 침대였는데!!! 그리고 한 번도 못 자 봤는데…….

엄마 아빠가 사주셨다. 나는 이층침대에서 뛰고, 올라가며 좋아했다.

아파트 바닥이 나뭇조각으로 끼워져 있다. 너무 신기했다.

앞으로 이 집에서 적응할 수 있도록 지민이 파이팅!

왓포드 친구들 - 지민

아파트에 살고 있는 친구들, 한 친구의 생일파티 날

왓포드 아파트에서 제일 처음 만난 친구는 테러샤이다. 테러샤는 특기가 노래인 것 같다. 왜냐하면 노래 부를 때 웃으면 나보다 나이가 적은데도 "야! 조용히 해!!!"라고 말한다. 그래서 짜증이 났다.

그 다음엔 페이트와 동생 뷰티티이고, 자전거를 많이 탄다. 페이트는 나와 같은 학년인데 나보다 키가 크고, 4학년인 언니보다 조금 더 크다.

그 다음엔 센테라와 센테라의 동생이다. 동생은 나보다 나이가 적고 센테라는 나보다 나이가 1살 더 많다.

그 다음 제일 마지막 카밀라이다. 나보다 키가 작고 나보다 나이가 더 적은데 나만 보면 "사탕 있어?"라고 물어봐서 지겹다.

질문이 많고, 제일 마지막에 사귄 친구다. 앞으로 더 많은 친구를 사귀고 싶다. ^^

아이들의 학교

아이들이 케냐에 와서 미국식 교육 프로그램을 가진 학교에 다니면서 많은 것을 새로 알고 느끼게 되었다. 대학을 다닐 때 미국 누나 집에 있으면서 조카가 초등학교에 입학하는 것을 보아서 나름대로 미국 시스템을 알고 있다고 생각했지만, 삼촌의 입장에서 볼 때와 부모의 입장에서 보는 것이 다르다는 것을 느낀다.

웨스트나이로비 스쿨은 선교사들이 운영한다. 학교 선생님들은 학교에서 별도의 봉급을 받지 않고, 직접 미국에서 아이들을 가르치기 위한 후원을 받는다.

학교에서 아무런 돈을 받지 않고 가르치기 때문에, 전문성은 조금 떨어지기도 하지만, 열정만큼은 어떤 선생님들과 비교가 되지 않는 것 같았다.

학생 수가 많지 않아 한 학년에 한 개의 반으로 운영되고, 고등학교 전체 과정을 만들지는 못해서, 앞으로 고등학교 모든 과정을 다 하기로 계획을 세우고 점점 학년을 높이고 있지만, 현재까지는 고등학교 2학년 과정까지 밖에 없다.

고등학교 마지막 과정이 없기 때문에 고학년이 될수록 미국에 있는 대학으로 진학이 쉬운 다른 학교로 전학을 가 버리기 때문에 학생 수가 점점 줄어든다. 저학년 과정에는 많이 다니다가 고학년으로 올라갈수록 점점 로즐린이나 다른 학교로 전학을 간다.

우리는 비록 로즐린에 입학할 수 없어서 웨스트나이로비로 왔지만, 분위기가 가족적이고 학생들을 돌보는 선생님들이 헌신적이라, 오히려 로즐린에 떨어진 것이 다행이라고 생각한다(단, 우리가 오래 이 학교에 다녀야 한다면 감동은 조금 달라질 것이다).

영어가 서툰 아이들에게 훌륭한 교육보다는 따뜻한 보살핌이 더 필요한데 학교 선생님들은 우리 아이가 필요한 것을 너무나 잘 해주셨다.

아이들을 학교에 보내고 느낀 점은 미국 학교가 아이들의 쉬는 시간이 많고 시키는 것이 없다고 생각했었지만, 막상 아이들을 학교에 보내니 정말 시키는 것이 많다.

체육과 같이 육체적인 것을 많이 요구한다. 체육은 필수 과목으로 강한 체력만이 정신이 건강한 아이로 만드는 것 같다. 매일 힘들게 시키는 체육 시간으로 우리 아이들도 한국에 있을 때보다 정신적으로나 신체적으로 점점 건강해지고 있는 것을 느꼈다.

학교에서 주는 숙제도 엄청났다. 세민이가 학교에서 돌아오면 저녁 시간의 대부분을 학교 숙제를 위해서 보내야 한다. 학교 숙제만 충실히 하더라도 저녁에 시간이 모자랄 판이다. 물론, 얼마나 열심히 하느냐에 따라서 학업 성적이 달라지기 때문에, 숙제를 충실히 하지 않는 아이는 성적이 잘 나올 수가 없다.

그리고 숙제가 단답식이 아닌 생각을 해서 글을 적고, 다음날 쪽지시험을 공부해야 하고, 수업에서 배우는 범위지만 학교 수업에서 다 가르쳐줄 수 없기 때문에 개인적으로 연습문제를 다 풀고 하는 엄청난 숙제의 양은 전혀 예상하지 못했다.

아이들이 아직 영어 적응에 힘들어하고 있지만, 학교생활은 선생님들의 도움으로 잘 적응하고 있는 것 같아 대견스럽다.

웨스트 나이로비 학교 도서관

농구장. 초등학생은 월, 수, 금에 체육이 있는데, 오후 시간에 체육 활동을 엄청나게 하고 있어,
아이들이 "지옥 훈련"이라고 불평하지만, 체육 시간을 정말 좋아하고 있다

웨스트나이로비 스쿨 - 세민

나는 이 학교로 처음 온 날 깜짝 놀랐다. 왜냐하면 모든 학년이 한 반밖에 없는 데다 우리 반 아이들은 30명도 되지 않았고, 책상은 한국과 달리 뚜껑을 열어 책을 꺼내고 넣었기 때문이다. 책상이 깊어 텅텅 빌 것 같지만 여기서는 사물함이 없어 책상이 항상 꽉 차 있다.

그리고 책의 수도 적은데, 약 7권이다. 그러나 그중 국, 수, 사, 과는 한국 책의 3~4배 정도로 두꺼워 자리를 너무 많이 차지하였다.

노트 6권, 연필깎이, A4용지도 넣고, 그 외 색연필, 사인펜, 필통, 폴더, 스테이플러 등을 넣어서 아주 잘 정리해야지만 빈틈이 날 정도였다.

책 3권은 스펠링, 바이블 그리고 그래머(문법)였다. 그리고 테스트도 매주 금요일 전 과목을 치러서 월요일에 결과를 나누어 주었다. 우리는 학교에 도착하여 가방을 두고 놀이터로 나가 놀거나, 교실 문이 닫혀 있을 때에는 가방을 문 앞에 두고 놀러 나갔다. 9시가 되면 사서 선생님이 호루라기를 불어 교실로 들어가게 하셨다. 유치원에서 3학년까지는 10시부터 10시15분까지 간식 시간이고 4학년부터 6학년까지는 10시 15분부터 10시 30분까지, 다음으로 중학생, 고등학생이 15분씩 간식 시간을 가진다. 간식 시간에는 무조건 교실 밖으로 나가야 하고, 집에서 가져간 간식을 먹을 수 있다.

점심시간은 유치원~3학년이 11시 20분에서 12시 10분까지, 4~6학년은 12시 10분에서 12시 40분까지였다. 그리고 30분 동안 쉬는 시간을 주었다. 그 뒤 교실로 들어와 또 독서 시간 40분을 가진다. 공부를 하고 집에 3시 15분에 간다.

그리고 좋은 점은 체육이 약 일주일에 2~3번 들었고, 한국보다 2~3배 넓은 운동장이 있다. 체육은 반소매 체육복 티와 검은 바지를 입었다.

비가 와도 체육을 한 적도 있었고, 축구, 미식축구, 달리기, 줄넘기를 배웠다. 체육 전담 선생님도 있었는데, 남자가 아닌 여자 선생님이었다.

체육복은 선생님도 입으시고 우리도 입었다. 체육복을 입지 않으면 벌점을 받았다. 운동장에 잔디가 깔려 있어 넘어져도 괜찮고, 몸을 풀기 위해 달리기 전 물통을 던져도 된다.

교실모습 한 학년에 한 반만 있다

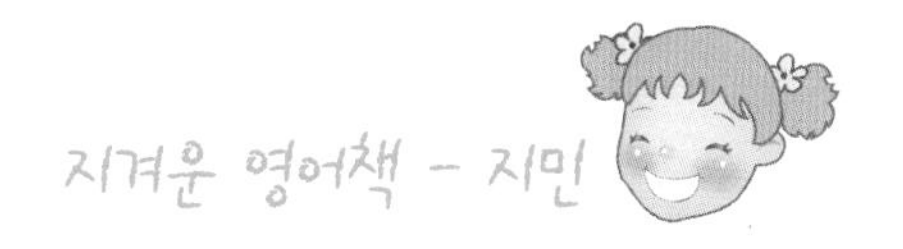

Rhino Reward

This certificate is being presented to

Ji Min Son

For exemplifying the character trait of

Self-Control

13/2/09
Date

Teacher

West Nairobi School

학교상장

으악!!!! 지겨운 영어책을 계속 읽어야 한다.

이쪽엔 영어책만 있기 때문에 한국 책은 못 본다. 한국 책이 그립다. 영어 책뿐……. 한국에선 책 읽으라 하고, 영어책은 신경 안 썼는데, 지금은 계속 영어책을 읽으라고 한다.

아, 지겨워. 아예 내 이름을 영어 책벌레라고 지으라고 하고 싶다. 영어 책을 억지로 읽는 것은 정말 싫다. 그것도 모자라 영어책을 많이 사 오셨다. 한국 책이 좋은데……. 이곳엔 영어를 사용하니까 잘하라고 하는 건 알지만 이제 진짜 지겨워요.

영어에 푹 빠진 우리 엄마, 아빠 이제 지겹다고요!!!

누가 좀 말려줘요!!!

– 지민이는 쉬운 그림책부터 시작해서, 케냐에서 나올 때는 글자만 있는 매직 트리 하우스 같은 100페이지 정도가 되는 책을 혼자서 읽게 됐다. –

문제집이 지겹다.

하지만 난 이 생각을 못했다. 2~3장만 숙제를 내주었는데 3시간쯤 걸렸다. 원래 뚝딱! 하고 한 번에 다 할 수 있는 걸!

내가 너무 작아서 거드름 피운 것일 수도 있고, 어려워서 그런 것일 수도 있다. 근데 이건 한국 2학년 거라 우리 반 아이들에겐 어려운 거다. 나는 영어책도 지겹지만 문제집은 더 지겹다. 우리 반에서 수학 문제집을 푸는 사람이 있을까? 궁금하다.

지민이 파이팅!!! 하며 난 잘할 수 있다고 생각한다.

난 한국에 돌아가는 것이 안 좋을 것이다.

그리운 할머니, 할아버지, 사촌동생, 사촌오빠, 사촌언니 등 많은 가족이 그립지만, 공부가 너무 힘들 것 같다.

아, 어려운 문제집 이제 좀 그만!!! STOP!!!

– 아이들이 한국으로 돌아와야 하므로 수학에서 공백이 생기지 않도록 케냐에서도 한국 문제집을 계속 풀도록 했다.–

갑자기 정전이 되어서 LDE플래시로 숙제를 마치고 있다

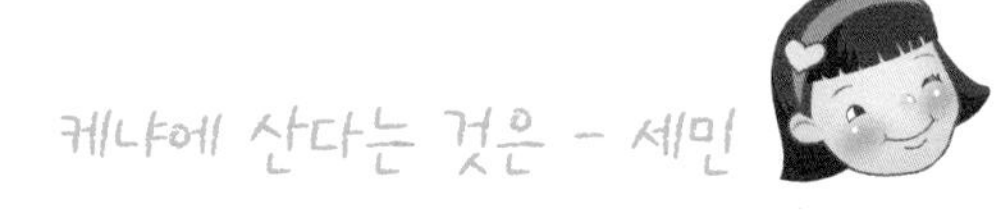

한국에서 아빠 손바닥만 한 것에 전등(LED)이 촘촘히 박혀 있는 것으로 플래시를 샀다. 이 플래시라이트는 정전이 되었을 때 정말 유용하다.

저녁때 정전이 되면, 하던 공부를 멈추고, 잠을 자기 위한 준비를 한다. 한 번 정전이 되면, 언제 다시 들어올지 모른다. 30분, 1시간이 걸릴 수도 있어 부모님은 자러 가라고 한다.

가끔 잠을 잘 준비를 다하고 침대에 들어가면, 전기가 다시 들어오기도 한다. 정전이 되면 어둠을 무서워하는 우리를 위해서 우리 방 문틀 위에 플래시를 놓아두고, 거실에도 플래시를 놓아둔다.

집 앞에 있는 베란다에는 조그마한 식물을 키웠다. 때로는 베란다로 나가 물을 주기도 하였다. 베란다에서는 한국처럼 유리(외부에 있는 새시)가 없어서 밑에 놀고 있는 친구들과 큰 소리로 이야기를 나누거나 인사를 할 수 있어 좋았다. 그러나 4층이라 지나가는 사람들이 집 안을 볼 수 있어서 안 좋았다.

집에는 물이 나오지 않을 경우가 많이 있다. 1층에 물탱크가 있는데 물이 다 떨어지면 아빠가 경비원 아저씨에게 이야기해서 물 차를 불러 물을 넣었다. 그러나 그 물이 매우 더러워서 가끔씩 죽은 벌레가 나와 우리를 기겁하게 하였다.

가정집에 사설로 물을 공급해주는 물차

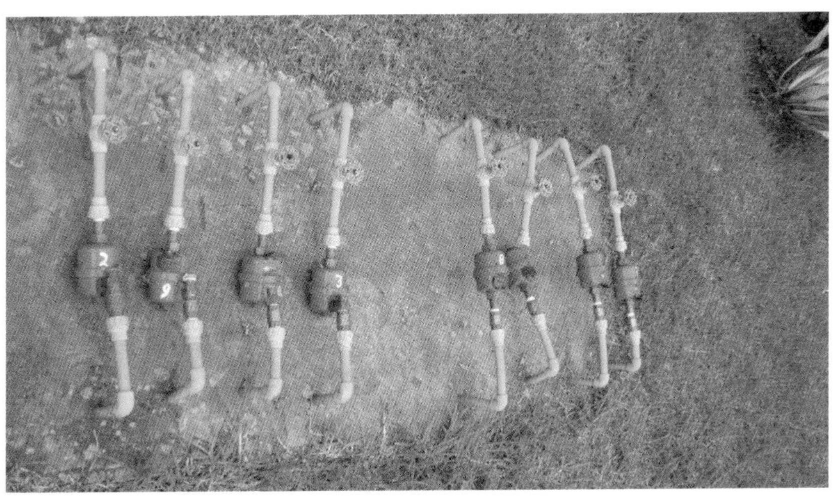

시에서 각 가정에 연결되는 수도 계량기

인터넷 설치하기

인터넷을 선전하는 공고판

집에서 인터넷은 정말 중요하다. 한국과 6시간 차이가 나기 때문에, 집에 설치한 인터넷 라인은 가정용이라기보다는 업무용에 가깝다.

새벽에 일어나서 인터넷에 접속하면 한국의 오전 10시 정도가 되기 때문에, 한국과 연락이 가장 잘 된다. 기상해서 첫 일과가 한국에서 온 메시지는 없는지 확인하고 일과를 시작한다. 만약 파일을 받아야 할 것이 있다면, 밤 시간에 다운로드를 시작해서 아침에 확인한다.

오후에는 케냐 여러 곳에서 인터넷을 많이 사용하기 때문에 속도가 느리지만 새벽에는 속도가 가장 빨라 인터넷 전화까지 가능하다. 오후가 되면 다시 속도가 느려져 한국 홈페이지에 접속하거나 이메일을 체크하는 정도만 가능해진다.

왓포드 파크에 살았던 사람이 "net@home"이란 인터넷 회사의 인터넷을 사용하고 있었다. 인터넷은 한 달에 5,000ksh(약 80,000원)으로 무제한 사용이지만, 속도가 빠르지 않았다.

집에 인터넷 라인을 설치하니 새벽에 일어나서 바로 업무를 체크할 수 있어 훨씬 편했지만, 속도가 좀 빨랐으면 좋겠다.

미소노(한국 일식당)

우리 집에서 30분 거리 안에 한국 가든(한식당)과 미소노(일식당)가 있다. 우리 가족들은 미소노를 좋아하는데, 미소노 사장님은 한국 분으로 나이로비에 있는 사파리 파크 호텔의 주방장을 하다가, 직접 일식집을 차렸다고 한다.

미소노 식당의 가장 큰 매력은 도시락과 반개반개이다. 원래 반개반개는 선교사들에게 주는 메뉴였는데, 한국 사람들에게는 아직까지 제공되는 메뉴이다. 반개반개는 우동 반 개(한 개의 절반)와 회비빔밥 반 개가 나오는 메뉴인데, 각각 양도 많을 뿐만 아니라, 한꺼번에 2개의 음식을 먹을 수 있는 장점이 있다.

우리 아이들이 가장 좋아하는 식당이고, 나이로비에 있는 외국인들이 주로 가는 식당들 중 절대 비싸지 않은 가격으로 일식 요리를 먹을 수 있는 곳이다.

사장님께서 직접 만드시고, 가끔씩 서비스로 군만두가 나오는데, 만두는 손님이 들어가면 바로 만들어주는 즉석 만두이기 때문에 정말 맛있다. 처음에는 채소 향이 조금 이상해서 다른 맛을 느끼기도 하지만, 점점 먹다 보면 중독성이 있는 맛이다. 만두를 좋아하는 나에게 가장 맛있었던 음식은 사장님이 특별히 만들어 주신 만둣국이었지만, 튀김, 도시락, 돈가스 등 맛있는 메뉴가 많아서, 뭘 먹을지 고민하게 하는 곳이다.

널찍한 마당에서 식사도 할 수 있고, 아이들은 그네에서 책을 읽고 놀 수 있는 공간이 있는 멋진 식당이다.

나이로비의 최대 장점 중의 하나는 한국 분이 하는 멋진 식당(후루사또, 동경, 삿포로 등)이 많다는 것이다.

도시락

회비빔밥

미소노 식당

여러 가지 식당 – 세민

케냐에 살면서 깜짝 놀랄 만한 것은 식당이다. 가난하다는 생각으로 한국과 같은 식당은 생각하지도 못했지만, 막상 가보면 난 먹을 것이 많아서 좋았다.

식당으로는 일본식당, 한국식당, 중국식당, 이탈리아 식당, 인도 식당 등 정말 많다. 맛있는 음식점 중 일본식당은 미소노, 중국식당은 For you나 Spring Garden이다.

인도 음식점에서는 '난'이라는 밀가루 빵 같은 것과 여러 가지 맛의 카레를 팔고 있다.

이탈리아 식당에서는 당연히 피자나 스파게티를 팔고 있다. 우리는 예전에 살던 단지이 아파트 밑에 있는 식당에서 먹기도 했고, 나쿠마트 정션에 있는 이탈리아 식당에서 피자를 먹기도 했다.

왓포드로 이사를 오고 난 뒤로는 나쿠마트에 있던 이탈리아 식당에서 피자를 더 자주 먹었다. 이곳에서는 피자 도우가 얇아서 좋다.

나쿠마트 정션에 미국식 식당도 있는데, 이름이 자바하우스였다. 자바(Java)에서는 어린이 메뉴와 어른용 메뉴를 따로 만들어주기도 하여 엄마나 아빠가 보고 있는 메뉴판을 달라고 하지 않아도 되어서 좋았다.

미소노라는 일본 음식점은 흔들 그네가 있고 나무도 그늘이 생기게 지붕처럼 만들어 놓아서 좋았다. 그리고 테이블, 의자가 야외에 있어서 밖에서 먹을 수도 있어 좋았다. 그중 가장 좋았던 것은 만두였다.

아프리카에서는 만두를 먹고 싶어도 먹기가 힘든데, 미소노에서 가끔 서비스로 만두를 몇 개 주어서 좋았다. 만두는 손으로 직접 빚어서 나온다고 들었다.

중국식당 포유에서는 미소노와 같이 실내, 야외에서 먹을 수 있었다. 나와 내 동생한테 더 좋았던 것은 거의 어린이들이 오면, 텔레비전에 "톰과 제리"를 틀어 주어서 기다리는 동안 볼 수 있다는 것이었다. 그리고 야외에는 놀이터도 있고 집으로 갈 때 어린이들에게 작은 장난감을 한 개씩 주어서 좋았다. 그리고 음식도 맛있었다.

한국가든

통장 만들기(Prime Bank)

한국에서 보내주는 사업운영 자금을 받아야 하고, 수표도 필요해서 통장을 만들기로 했다. 케냐에서는 한국처럼 통장을 금방 만들 수 없다. 통장을 만들기 위해서 신분증과 보증인이 필요하다. 나처럼 케냐에 온 지 얼마 안 된 사람은 서류가 다 갖추어지지 않으면 공문을 보내서 통장을 만들어 달라고 해야 한다(이곳 저곳에서 공문을 너무 좋아한다).

Prime Bank에는 달러 통장을 유지하는 비용이 500USD(미국 달러) 잔액만 유지하면 출금할 때 별도의 수수료를 내지 않아도 되고, 나이로비에 몇 군데의 지점을 가지고 있어서, 규모가 좀 작지만 Prime Bank도 괜찮을 것 같아 통장을 만들기로 했다.

케냐에서는 수표가 보편적으로 사용되기 때문에 현지화(ksh) 통장을 만들고, 수표를 발행하는 수표책을 만들었다.

현금을 받지 않고 수표만 받는 곳도 있고, 큰돈을 주고받을 때는 수표를 주고받는 것이 아주 일반화되어 있어 수표 발행을 위해서 항상 신경을 써야 한다. 정확하게 기재하지 않으면 수표 지급이 승인되지 않으므로 정확한 기재가 중요하다. 현금인출기를 사용하는 현금카드(ATM Card)를 발급받아서 시내 여러 곳에서 돈을 인출할 수 있다.

바클레이스(Barclays)나 스탠다드 차타드(Standard Chartered) 같은 유명한 대형은행들에서는 통장 유지비용과 수수료가 많이 들기 때문에, 상대적으로 비용이 적게 나가는 소형은행을 사용하는데, 만약 소형은행이 부도가 나면 원금을 돌려받을 때까지 시간이 오래 걸리기 때문에 안전한 은행을 이용하는 것이 중요하다.

케냐 은행에서는 계좌를 만들어도 별도 통장이 없다. 한국처럼 출금 입금을 하거나 수표를 발행하면, 항상 본인이 잔액을 관리해야 한다. 은행에 가서 자기 계좌의 거래내역(Balance Sheet)을 달라고 하면 출력은 해주지만 잔금 관리를 잘못하면 부도가 난다.

최근에는 케냐에서 신용카드 사용이 가능한 가게들이 늘어나고 있지만, 신용카드를 내면 별도의 수수료를 요구한다든가 혹시 잘못 발행하거나 문제가 발생하면 해결하는 데 시간이 몇 달 이상이 걸릴 가능성이 매우 크므로 신용카드는 사용하지 않고 있다.

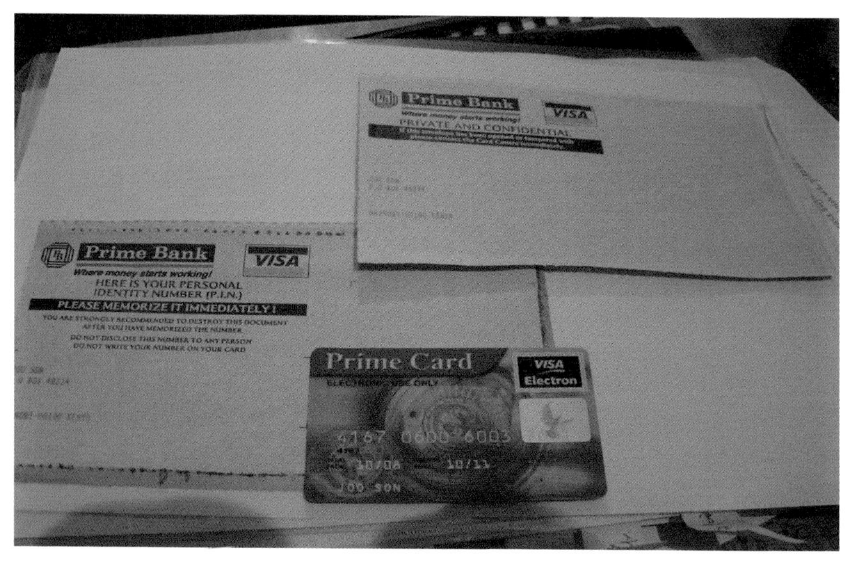

프라임은행 ATM Card

책상을 주문하다(굿네이버스 직업학교)

공부할 때 사용할 긴 책상을 사려고 이곳 저곳을 돌아다녀도, 마음에 들지 않고, 가격이 너무 비싸다.

가구를 파는 곳은 나쿠마트나 카렌(Karen)으로 가는 길목에 가구 거리가 있다. 현지인들과 도저히 흥정할 자신이 없고, 잠깐 사용할 책상을 사려면 어떻게 해야 할지 고민하고 있었는데, 우연히 한국분과 이야기하다가, 굿네이버스 직업학교 목공반에 실습할 재료비를 주고, 학생들은 주문한 것을 실습 시간에 만들 수 있다고 하였다. 교육을 받는 과정에 만드는 것이라, 끝마무리가 완벽하지는 않지만 간단한 디자인의 물건만 만들 수 있다고 하였다.

내가 원하는 책상은 모양이 전혀 없고, 간단하고 긴 책상이 필요했기 때문에 굿네이버스 직업학교에 부탁하기로 하고, 학교를 찾아갔다.

굿네이버스 직업학교는 쓰레기 매립지가 있는 빈민가에 있었다. 처음 말을 들었을 때에는 직업학교라고 해서 거창하게 생겼을 것이라고 생각했는데 볼품없는 건물에 많은 학생들이 공부를 하고 있었다. 잘 만들어진 직업학교만 TV에 나오고 열악한 환경에 있는 시설은 방송에 나오지 않아 나도 이런 시설이 있는지 몰랐다.

교실이 몇 개 있고, 목공 교실과 미용 교실, 점심을 만드는 곳 등이 있었다.

목공 교실의 선생님을 만나서, 원하는 형태와 치수를 이야기해주고, 재료비를 주고 돌아왔다. 2주 뒤에 다시 오면 책상이 완성되어 있을 것이라고 했는데, 같이 간 한국분께서 학생들이 실습으로 만드는 물건이라 품질을 기대하지 말라고 옆에서 이야기하셨다.

간단한 물건이고 1년간 사용할 물건이니, 나도 이 학생들에게 실습할 수 있는 기회를 줄 수 있다는 생각으로 직업학교를 나섰다.

카렌에 있는 가구 파는 가게들

빈민가

케냐에는 세계 4대 빈민가에 들어가는 '키베라'라는 유명한 지역이 있다. 한국에서 온 많은 사람이 키베라를 구경하고 싶어 한다.

난 빈민가에 가는 것을 좋아하지 않는다. 물론 빈민가에 직접적인 도움을 주는 일을 하러 왔다면 모르겠지만, 사람들의 삶을 구경하듯이 지나가고 싶지는 않다.

키베라 지역에 아이들에게 사진기를 주고, 사진을 찍고 돌아와서 제작한 사진집도 있다. 내가 가는 골프장의 일부 코스에서 보이는 키베라의 모습은 또 다른 사람이 사는 세계로 느껴진다.

빈민가를 구경하러 들어갈 때는 그 지역에서 영향력이 있는 사람과 동행하거나, 경찰과 같이 들어가야 한다는 이야기를 어렵지 않게 들을 수 있다. 무턱대고 들어가는 것은 아주 위험한 행위이다. 특히 사진기를 가지고 혼자 들어간다면 살아 돌아오는 것에 대한 걱정을 해야 할지도 모른다.

나이로비에는 매우 잘사는 사람들도 많지만 그 주변에 정말 힘들게 사는 빈민가도 많다는 사실이 매우 아이러니하다.

공중에서 본 키베라
(세계최대 빈민가로 주변에 있는 집들과 달리 집들 사이에 여유공간이 거의 없다)

쓰레기 매립장 옆의 빈민가 모습

책상을 찾는 날

굿네이버스 직업학교에서 책상을 찾는 날이 되었다.

책상을 내 차 트렁크에 실어서 가지고 올 수 없기 때문에, 작은 트럭을 한 대 부르기로 했다. 운전기사인 크리스토퍼 씨에게 우리 집까지 갈 트럭을 협상해서 데리고 오라고 했다. 내가 직접 협상을 하는 것보다 현지인이 직접 협상하는 것이 더 저렴하기 때문에 요즘은 가격 협상을 현지 직원에게 많이 맡기고 있다. 다행히 나의 현지 직원은 정직한 사람들이라 돈을 속이는 걱정을 덜게 해주어서 정말 편안하게 생활하고 있다.

책상의 품질은 마무리가 깔끔하지는 못했지만, 내가 원하는 형태의 책상이 나왔다. 역시 직업학교 학생들이 한 것이 표시가 많이 났지만, 1년 정도를 사용할 책상이기에 만족하기로 했다.

트럭이 오기를 기다리다 굿네이버스 직업학교 학생들의 학예회가 있다고 해서, 기다리는 동안 구경을 하기로 하고, 학생들을 위해서 음료수(콜라)를 지원했다.

학예회 행사는 직업학교 학생들이 춤을 추고 노래를 부르는 것으로 되어 있었다. 행사가 마칠 때쯤 트럭이 도착해서 책상을 싣고 출발했다. 그리고 약간의 금액을 학생들에게 기부하고 나니, 잘 만들어진 책상을 사는 가격보다 더 많이 나왔다.

그렇지만 내가 이곳에 도와주는 사업으로 월급을 받고 있으니, 주변사람들을 도와주는 것이 당연하다는 생각으로 돌아왔다.

처음에는 돈을 아껴 보려는 마음에 시작하였지만, 주는 기쁨으로 받아온 책상이 우리 집 책상으로 1년 동안 같이 있었다.

학교 학예회에 구경하는 학생들. 미용반 학생들의 머리에 헤어롤이 달려 있다

장기자랑 모습

오바마 미국 대통령 후보

2008년 11월 4일 미국의 대통령 선거일이 다가왔다.

오바마 대통령 후보의 아버지가 케냐 사람이기 때문에 케냐가 들떠 있다.

오늘 신문(약 700원) 첫 장에는 오바마의 얼굴이 컬러 사진으로 채워져 있고, 뒷장도 오바마를 중심으로 한 미국 대선이야기로 채워져 있다. 중간 중간에 오바마 흑백 사진이 크게 나오고 케냐 신문에는 미국 대통령 후보 오바마 이야기밖에 없다.

물론 입장을 바꾸어, 한국계 미국인이 대통령 후보에 나오면 한국 신문도 여러 면을 할애할 것 같지만, 어쨌든 좀 심하다 할 만큼 미국 대선이야기뿐이다.

많은 케냐 사람들은 오바마가 대통령이 되면 케냐에 커다란 도움을 줄 것이라는 큰 기대를 하고 있다. 물론 손해가 될 일은 없겠지만, 어쨌든 지금 케냐에 사는 나도 오바마가 미국 대통령이 되었으면 좋겠다는 바람은 있다.

이곳 시각으로 내일 저녁이 되면 다음 미국대통령이 결정이 나는데, 오바마가 대통령이 되면, 기뻐서 감정을 주체 못하는 일부 케냐 사람들이 외국인들을 위협할 수도 있고, 만약 낙선한다면 더 큰 소요 사태가 벌어질 수 있을 것 같아 내일부터 분위기가 진정될 때까지 외출을 자제하기로 하고 각종 약속을 비워두었다.

이곳이 항상 위험한 곳은 아니지만, 치안이 한국보다는 좋지 않기 때문에 매사에 조심해야 한다. 위험한 날 돌아다니면 사고가 날 수 있는 확률이 높아지기 때문에, 위험한 날은 스스로 알아서 외부 활동을 자제해야 한다(오바마 대통령이 당선되어, 케냐에는 예상하지 않았던 휴일을 하루 가지게 되었다).

이슬람지역인 가리사 가게에 붙어있는 오바마 대통령 사진

집값이 장난이 아니다

우기 밤이 되면 나이로비는 정말 춥다. 한국의 겨울에 비할 것은 아니지만 매일 긴팔을 입고, 저녁에는 겨울 이불을 덮고 잔다. 나이로비에 온돌이 설치된 아파트를 분양하면 잘 될 것 같다는 생각이 들 정도이다. 요즘은 한국산 전기장판을 구해서 잠을 잘 때 사용하고 있다.

나이로비 시내의 외국인들이 거주하는 지역의 아파트 가격은 약 1억에서 2억 정도 한다. 처음에 아파트 가격을 듣고 놀랄 수밖에 없었지만, 최근에도 4층 정도 하는 아파트들이 많이 짓고 있다.

공급은 엄청나게 늘어나고 있는데도 집값은 계속해서 오르고 있다. 가진 사람들이 계속해서 집을 짓고, 원하는 가격이 되지 않으면 집을 세놓거나 팔지 않기 때문에 이런 이상한 현상이 계속해서 발생하고 있다고 한다. 집을 가지고 있는 사람들이 충분히 경제적 여력이 있기 때문에 집을 비워두더라도 싼 가격으로 판매나 임대하지 않는다.

운전기사나 주변의 일반 공무원 같은 사람들은 월세 5,000ksh(약 75,000원) 정도 하는 집에서 살고, 외국인들과 케냐 상류층은 40,000~200,000ksh 정도 하는 아파트에 많이 살고 있다.

부자와 가난한 사람들이 너무나 자연스럽게 어울려 사는 나이로비는 신기하기까지 하다. 나이로비에서 벤츠와 BMW와 같은 고급차를 보는 것은 별로 어려운 일이 아니다.

시내에는 높은 빌딩들이 있다

치과에 가다

지민이 이에 문제가 생겼다. 케냐에 오기 전 한국에서 점검을 받고 왔는데, 충치가 난 자리를 때운 것이 떨어져 버렸다. 때운 것이 사라져 버린 이를 보니, 치과를 가기로 했다.

교민 분이 우리 집 근처에 있는 치과를 추천해 주었다. 선진국도 아닌 곳에서 갑자기 치과 치료를 받아야 한다는 사실이 개운하지는 않았지만 그냥 둘 수도 없는 형편이니, 치과로 향했다.

치과는 단층 건물로 된 깨끗한 가정집처럼 생겼다. 치과 안으로 들어가니, 벽에는 LCD TV가 걸려 있고, 인테리어가 잘 되어 있었다. 생각보다 훨씬 깨끗하고 시설이 좋았다.

접수대에서 지민이 상태를 이야기하고 치과 진료실로 들어가니, 진료실에는 어린이를 위해서 미키마우스 그림이 천장과 벽에 그려져 있고, 한쪽 벽에는 만화영화가 나오는 TV까지 달려 있다. 한국의 여느 치과와 별로 다를 것이 없는 모습이다.

의사 선생님께서 오셨고 아이의 치료를 해야 할 부분을 이야기하니, 몇 분 동안 충치가 난 자리를 때우는 치료를 했다. 치료를 마치고 접수대에서 진료비 2,000ksh(26,000원)을 계산했다.

깨끗하게 소독된 기구를 사용하고, 컵부터 기자재 대부분이 일회용이어서 치과 치료에 대한 불안감이 완전히 사라졌지만, 돌아가는 날까지 치과에 가지 않았으면 좋겠다.

신문에 나오는 세상

영어 공부도 하고, 케냐의 돌아가는 사건도 알기 위해서 신문을 받아 보고 있다. 케냐는 영어를 공용어로 사용하기 때문에 모든 신문이 영어로 되어 있어서, 아무 신문이나 보는 것이 가능하다

많은 신문 중에서 Daily Nation(www.nation.co.ke)이 가장 유명하다. 통신이 잘 발달하지 않은 개발도상국일수록 신문에서 다양한 정보를 많이 얻을 수 있고, 광고를 통해서도 새로운 물건 정보를 얻을 수 있다. 인터넷이 발달하지 않은 나라에서는 신문이 정보를 교환하는 중요한 역할을 하는 것 같다.

어제도 시내에서 총격전이 있었고, 요즘에는 최소 일주일에 두 번 간격으로 무장강도가 나타났다는 이야기와 경찰과 무장강도가 대치하고 있는 사진이 신문에 나온다.

이제, 매일매일 신문을 읽다 보니, 이런 사건에 무감각해지고 있다. 옛날 한국 신문에 매일 시위하는 모습만 신문에 나왔을 때, 우리가 심각하게 받아들이지 않았던 것과 비슷하다.

요즘 들어 점점 시내에서 사고가 잦아져 시내 나가는 것을 자제하고 있다. 물건을 사야 하는 일이 있어도 대부분 주변에 있는 마트를 이용한다. 시내의 조그마한 상점들이 가격이 훨씬 저렴하지만, 무장강도가 자주 나타나기 때문에 현지 직원을 주로 보내고 있다. 외국인은 돈 많은 사람이라는 것으로 인식되어 강도의 표적이 되기 때문이다.

정말 한국처럼 안전한 나라는 많지 않은 것 같다.

the STAR
MBARIRE TRIED TO BRIBE ME, LUMUMBA
STANDARD
Surprise new faces of judges
International Herald Tribune
FINANCIAL TIMES
International Herald Tribune
BUSINESS
Taxpayer banks £4bn in the red

신문 가판대

소말리아 접경지역

가리사는 소말리아와 가까이 있고, 소말리아족 사람들이 많이 살고 있다. 이곳에도 몇 개의 부족들이 시간을 두고 점유의 형태가 바뀌었지만, 소말리아를 가기 전의 맨 마지막에 만나는 가장 큰 도시이다. 가리사에서는 소말리아 난민촌이 있는데, 가리사 시내에서 제법 떨어진 곳에 있다. 경비가 가리사 도심 외곽과 내부를 지키고 있어, 가리사 도심외곽으로 나가지 않았다.

가리사 도심 외곽부터는 소말리아에서 온 강도들을 언제든지 만날 수 있는 곳이다. 소말리아의 강도들은 최근에는 운전사를 총으로 쏴서 차만 가지고 소말리아로 도망을 친다고 한다. 사람의 목숨이 차 가격보다 못하다는 사실이 슬프기도 하지만 이곳의 현실이기도 하다.

그런데 가리사 시내 지역은 나이로비보다 훨씬 안전하다. 도심 지역을 걸어 다니면 너무나 평화롭다. 이슬람교를 모르는 사람들은 위험할 것으로 생각하지만, 이슬람교도들이 주를 이루고 있는 도심에서 평화로운 분위기를 느낄 수 있다. 시간만 되면 기도를 하는 선한 사람과 우리가 신문이나 뉴스에서 보는 항상 부정적인 이슬람교에 대한 시각은 사라진다. 이곳에 있는 여자들은 기독교도가 아니면 대부분 히잡을 쓰고 돌아다닌다.

가장 불편한 점은 정말 더운 지역인데도 맥주를 한 잔 하기가 어렵다는 것이다. 호텔에서조차 맥주를 팔지 않는다. 호텔 앞에 있는 술을 파는 주점에 가면 마실 수는 있다고는 하지만 더운곳에서 모래먼지를 뒤집어 쓰고, 샤워를 하고나면 나가서 먹고 싶은 생각은 들지 않는다.

가리사에 가기 전 사막지역에 사는 사람들의 집

정전이 잦아지고 있다

또 정전이 되었다. 최근 들어서 정전이 점점 잦아지고 있다.

정전이 되면 우리 집은 전기레인지만 가지고 있어서 가장 큰 문제가 밥을 할 수가 없다. 가스통이 부엌에 들어가는 것이 싫어서 가스레인지를 사지 않았고 전기레인지만 샀기 때문에, 정전이 되면 불이 없어서 밥을 먹을 수가 없다. 가스레인지는 가스통을 배달해 주는 것이 아니고, 가스가 다 떨어지면 직접 가스통을 가지고 마트나 주유소에 가서 새로운 가스통을 가지고 와서 바꾸어 달아야 한다. 한국의 휴대용 가스레인지를 비상용으로 사야 할 것 같다.

정전이 되면, 냉장고 문을 열 때 온도가 갑자기 떨어져, 냉동된 소중한 양념과 많은 음식물이 상할 수 있으므로, 냉장고를 열 수 없다. 전기가 하루 종일 들어오지 않는 날도 있으니 정전이 되면 빨리 전기만 들어오기를 기다리는 방법밖에 없다. 전기가 들어오면 냉장고에 서리가 끼기 때문에, 서리를 제거하는 작업을 하여야 한다.

정전이 되어서 저녁 준비가 되지 않아 외식을 하기로 했다. 오늘은 "For You"라는 중국집을 가기로 했다. 우리 집에서 5분 거리에 있고, 가격도 저렴하기 때문에 많은 한국인들이 애용하는 가게이다.

"포유" 중국집에 가니, 식당도 발전기를 이용해서 전기를 사용하고 있는지, 발전기 돌아가는 소리가 마당과 식당 내부에도 아주 낮게 들렸다. 저녁으로 우동, 탕수육(Sweet and Sour Pork), 계란볶음밥을 시켜 먹었다. 가격이 약 25,000원 정도였는데, 4명이 한 끼 식사로 먹기에는 나이로비에서 비싼 가격은 아니다.

주유소 찾아 삼 만 리

크리스마스가 다가오는데 나이로비에 휘발유가 부족하다는 신문 기사들이 나오고 있다. 몸바사 항구에서 나이로비까지 휘발유를 송유관으로 수송하는데, 송유관에 문제가 생겨서 휘발유가 나이로비로 못 온다고 이야기를 하고 있지만, 석유회사들이 휘발유 가격을 높이기 위해서 기름을 팔지 않는다는 유언비어까지 돌고 있다.

아침에 출근을 하는데, 운전기사가 휘발유를 넣어야겠다고 이야기를 해서 주유소로 갔다. 주유소에 도착하니, 휘발유가 없다고 한다. 다른 주유소에 가서 휘발유를 찾았지만, 이 주유소에도 휘발유가 없다고 하였다. 이러다가 휘발유 없어서 차량 운행을 못 할 것 같아서 출근이 늦어지더라도 휘발유를 넣고 출근을 하기로 했다.

다른 도로로 들어가서 주유소를 찾았는데 다행히 기름이 있는지 차들이 길게 줄을 서서 기다리고 있었다. 기다리는 시간도 제법 걸릴 것 같지만, 휘발유가 없어서 차량을 두고 지낼 수는 없기 때문에 기다리기로 했다.

기다리는 동안 한 개의 기름 탱크가 동났다. 줄을 서서 기다리는 차들이 주유기가 한 대가 작동되지 않으니, 난장판이 벌어졌다. 차들이 이쪽저쪽 끼어들기 시작한다.

우리 차 운전기사는 눈치 있게 자동차를 밀어 넣어서 주유기 앞에 도착했다. 기름을 가득 채우라는 이야기를 주유원에게 하고, 기름을 넣는 모습을 보니 왠지 뿌듯했다.

요즘은 많은 차가 크리스마스 휴가를 고향에서 보내기 위해서 기름을 가득 넣어서 나이로비에서 출발하기 때문에 기름 소비량이 평상시보다 많이 증가하는데 송유관까지 문제가 생겼으니, 엎친 데 덮친 격이다.

우리 차가 기름을 다 넣고 나오는데, 내가 처음 기다렸던 줄보다 훨씬 긴 줄이 주유소 앞에 길게 늘어서 있었다.

다행이다. 휘발유를 넣어서…….

주유소에서 휘발유를 넣기 위해서 기다리고 있는 차들

크리스마스에 휴가를 가자

케냐에 있는 많은 가족이 크리스마스 휴가를 보내기 위해서 휴가 계획을 세우고 있다. 연휴 동안 휴가를 가거나 교회에 가서 예배에 참석하는데, 우리가족과 같이 종교가 없는 사람들은 어디 갈 곳이 없다.

도착한 지 두 달밖에 되지 않아, 이제 겨우 생활이 정리되었기 때문에 그냥 집에 있기로 했지만 점점 크리스마스가 다가올수록 시내가 텅 비어 가는 것을 보니 마음이 흔들렸다.

크리스마스가 있는 주에 들어서니, 주변 사람들이 모두 다 휴가를 간다고 해서 막상 나이로비에 있어 보았자 아무 일 없이 크리스마스 연휴를 보내야 할 것 같아서 다른 가족들처럼 휴가를 가기로 했다. 휴가지를 선택하기 위해서 나이로비에서 한국인이 경영하는 여행사(사랑 아프리카, Sarang Africa Safaris)에 가서 크리스마스 휴가지를 추천받았다. 몇 개의 추천된 여행지 중에서 몸바사로 가기로 했다. 몸바사는 해안가에 호텔이 많이 있고, 해안의 호텔에서 며칠씩 휴식을 취할 수 있는 곳이다.

크리스마스 기간은 가장 성수기라서 가격이 가장 비싼 때이지만, 일 년 동안 있을 케냐이기에 이번이 아니면 기회가 없다는 생각에 조금 무리를 해서 크리스마스 성수기를 몸바사로 휴가를 가기로 하고, 한국 여행사에서 호텔 바우처와 몸바사 차량 연락처, 기차표, 비행기표를 받았다.

기차를 타고 가는 몸바사

크리스마스이브 저녁과 크리스마스에 몸바사로 출발하는 비행기표는 모두 동이 나서, 나이로비에서 몸바사까지 열차를 타고 가기로 했다. 열차는 1등실, 2등실, 3등실로 구분되어 있다. 1등실에는 2층 침대가 1개가 있어 1등실 2개를 예약하면 1등실 사이에 있는 별도의 문으로 4명이 한 방처럼 사용할 수 있다. 2등실에는 한 방에 4명이 사용하게 되어 있고, 3등실은 일반 좌석으로 꾸며져 있다.

열차와 비행기 가격 차이가 크게 나지 않지만, 한 번도 침대 열차를 타 보지 못했기 때문에 우리 가족에게 멋진 추억이 될 것 같아서, 1등실 2개를 예약했다. 식당차에서 저녁과 아침을 먹을 수 있다고 했지만, 입맛에 맞지 않는 음식보다는 샌드위치를 가지고 가서 저녁을 해결하고, 아침으로는 빵 몇 개로 해결하기로 했다.

크리스마스이브 오후가 되니, 사무실 건물에는 사람들이 보이질 않는다.

오후에는 서류들을 정리하고 텅 빈 건물에서 퇴근해서 집에서 출발한 가족들과 7시에 출발하는 기차를 타기 위해서 나이로비 역에 도착했다.

몸바사로 가는 날 - 세민

우리는 12월 24일 몸바사를 3박 4일로 가기로 했다. 우리는 1박 2일 동안 기차를 타고 가기로 했다. 7시에 출발한다는 기차 때문에 6시에 나이로비 역에 갔는데, 기차가 11쯤 출발해서 배가 고팠다. 기차를 탔을 때는 일등석 기차 칸을 타니 방이 2개가 있었다. 한 방에 2층 침대가 있고, 방 2개가 연결될 수 있는 중간문이 있어서, 방을 연결하여 자유롭게 다닐 수 있었다.

그러나 바퀴벌레나 모기가 방에 숨어 있어서 우리 방에 벌레 약을 뿌리고, 엄마 아빠 방으로 가서 쉬다가, 약 냄새가 사라지면, 엄마 아빠 방에 약을 뿌리고, 우리 방에 있었다.

처음에는 12시간 걸린다는 기차 여행이 약 16시간이 걸렸고, 그 사이 기차가 역에 멈추어서, 중간에 몇 번 쉬기도 하여 우리는 자유시간을 더 가질 수 있었다. 우리는 잠을 자기도 하였는데, 난 2층에서 잤다.

잠을 깨서는 1층에서 동생과 함께 노트북으로 영화도 보았다. 우리는 자고 먹기를 반복하며 기차를 타고 놀았다.

크리스마스에는 물을 사러 맨 뒤칸에 있는 카페에 갔다 돌아오는데, 어떤 방에 있던 사람들은 지나가는 사람들에게 크리스마스 인사를 해주었다. 조금 희한하기도 했지만, 많은 사람이 다시 크리스마스 인사를 그 사람에게 해주고 갔다.

우리는 기차에서 창문 밖을 사진으로 찍으며 놀기도 하였다. 화장실도 저 멀리 있었기 때문에 방에서만 생활하였다. 2층에 올라가는 것이 재미있어서 계속 올라가기도 하였고, 보았던 영화를 반복하여 보기도 하였다.

우리는 기차에 내리면서 배도 고프고, 더워서, 몸바사에서 집으로 돌아갈 때는 이 기차가 아닌 비행기를 타고 가서 다행이라 생각하였다.

객실에서 노트북으로 영화를 보는 아이들

나이로비 역

나이로비 역은 많은 사람으로 붐볐다. 크리스마스이브라서 관광객들과 사람들로 더 붐비는 것 같다. 역에는 몇개의 열차들이 있었다. 나이로비 인근으로 운행하는 통근열차에는 창문은 있지만 유리창이 하나도 없고, 전등도 없어서 밤이 되어도 어둡게 다니고 있었다. 6시쯤 나이로비 역을 출발한 기차가 8시가 되어서 빈 열차로 돌아왔다.

우리가 타고 갈 몸바사행 열차가 7시에 출발하리라고 생각은 하지 않았지만, 8시가 되어도 열차가 나타날 생각을 하지 않는다. 기차 안에서 먹으려고 했던 샌드위치를 기차 플랫폼에서 먹었다. 역에 있는 가게에서 콜라를 사 왔다. 가게에는 생수와 음료수, '사모사'라는 삼각형의 도넛을 팔고 있었다.

1등실 승객들은 하얀색 플라스틱 의자에 앉을 수 있었지만, 일반 사람들은 플랫폼에 그냥 주저앉아서 열차를 기다렸다. 열차가 왜 늦는지 등의 방송도 없고, 점점 늦어지는 시계를 바라보며 열차를 기다리고 있다.

9시가 넘어가자, 아이들이 기차를 기다리는 것도 지치고 심심해서, 역에 있는 식당에 가서 무엇이라도 사 먹으려고 식당에 가니, 기차를 기다리는 사람이 너무 많아서인지, 음식은 모두 팔렸고 남은 것은 맥주밖에 없다고 했다.

아이들이 완전히 지쳐갈 무렵, 거의 10시가 넘어가니 기차가 플랫폼으로 한 대 들어왔고, 우리는 기다리고 기다리던 기차를 탈 수 있었다.

나이로비 역

나이로비 역에 있는 가게

열차 시간표. 열차 출발시간이 나무판 위에 적혀 있다

침대열차

출발시간보다 3시간 이상 늦게 기차를 타서, 열차 내부를 둘러보니 상상했던 것보다 훨씬 좋아 보였다. 객실에 이층침대가 들어가 있고, 생각보다 많이 깨끗했다.

열차에 올라탄 아이들은 방을 왔다 갔다 하면서 뛰어다녔다. 2층 침대는 사람이 떨어지지 않도록 네트와 2층 침대를 오르내릴 수 있는 사다리가 설치되어 있고, 조그마한 세면대에는 물이 나왔다.

화장실은 객차마다 한 개의 화장실을 공동으로 이용할 수 있게 되어 있었다.

어떻게 잠을 자야 할지 고민하고 있는데, 국방색 두꺼운 천 가방에 들어가 있는 담요가 방 안으로 배달되었고, 기차를 탄 지 한 시간쯤 되었을 때 열차가 출발하였다.

기차가 출발하자 저녁식사를 알리는 요리사 옷을 입은 사람이 종을 치면서 객차 통로를 돌아다니기 시작했다. 만약 식당차의 저녁을 예약했다면 밤 11시까지 아무것도 먹지 못하고 늦은 저녁을 먹을 뻔했는데, 샌드위치를 준비해서 천만다행이다.

객실을 옮겨 가면서 집에서 준비해온 바퀴벌레를 잡는 스프레이를 뿌렸다. 좁은 2층 침대만 있는 곳이라 불편할 것 같지만, 하루 정도 열차에서 자는 것도 좋은 추억이 될 것 같다.

객실 모습

객실 복도. 복도가 아주 좁다

도대체 언제 도착하는 거야

기차 객실에서 이곳저곳을 뛰어다니던 아이들에게 잠을 자라고 하자, 잠이 오지 않는다고 잠투정을 하더니, 금방 잠이 들어 버렸다. 자정이 되어 가니, 점점 추워졌다. 밤에는 추워서 담요를 덮고, 잠을 잘 수밖에 없었다.

아침이 되면서, 몸바사로 가는 기차가 국립공원을 지나가기 때문에 동물을 보아야 하는데, 우리는 이 사실을 몰랐기 때문에 기차에서 하는 국립공원 구경을 놓쳐버렸다.

준비해온 빵으로 아침을 먹고, 크리스마스 아침을 열차에서 맞이했다. 기차를 탄다는 특별한 경험이지만 이제는 빨리 몸바사에 도착하고 싶다. 기차를 타는 즐거움도 짧은 시간이면 충분할 것 같다는 생각이 들었다.

점점 아이들은 객실 안과 기차를 돌아다니는 것도 지쳤는지, 노트북으로 영화를 보고 있다. 11시가 넘어가면서부터는 열차 안이 점점 뜨거워졌다. 고도가 낮아지고 있고, 뜨거운 햇볕 때문에 에어컨이 없는 열차는 점점 뜨거워졌다.

열차가 10시에만 몸바사에 도착하면 좋을 것 같은데, 12시가 넘어가니, 가지고 온 생수도 다 마셔 버렸고, 과자도 남아 있지 않다. 어제 출발하면서, 여분의 초코파이와 과자, 생수를 가지고 왔는데, 이제 먹을 것도 다 떨어졌고, 배가 고파 오기 시작했다.

1시가 넘어가니 점점 자포자기가 되기 시작했다. 9시에 도착해야 하는 기차가 이제 4시간 이상 연착이 되는 것이다. 점점 열차가 싫어진다.

오후 2시가 넘어가니 바다가 보이기 시작하면서, 이제는 기어이 도착할 때가 되었다는 생각이 들었다. 3시가 넘어서야 기다리고 기다리던 몸바사 역에 도착했다.

덥고, 배고프고, 크리스마스 휴가는 이렇게 시작되는 것 같다.

몸바사 인근의 도로. 몸바사 인근에 오니, 관리가 잘된 도로가 있었다

가는 도중에 있었던 기차역

몸바사에서 – 세민

몸바사 역에 도착하고 난 뒤, 사로바 호텔로 갔다. 호텔에는 수영장이 5개가 있어서 우리는 수영을 하고 놀았다. 슬라이드도 있었지만 너무 짧았고, 마지막 도착하였을 때에 물을 너무 많이 먹어서 많이 타지는 않았다.

3m, 2m, 1m 수영장이 있었다.

나는 우연히 다이빙대를 보게 되었는데, 동생과 제일 높은 곳에서 한 번만 뛰어 보자고 했다. 내가 뛰고 너무 깊어서 뛰지 말라고 했는데, 너무 높아서 그 소리를 듣지 못하였는지, 지민이가 그냥 뛰었다.

물속에 들어온 지민이가 나도 헤엄을 못하겠는데, 내 목을 꼭 끌어안고 있어서 숨까지 못 쉴 지경이었는데, 인도 아저씨가 와서 구해주셨다.

고맙다고 하였다. 그런데 거의 죽을 지경이어서, 다른 풀로 가서 놀았다. 나중에 방으로 돌아갈 때 다이빙 풀의 깊이를 보니 3미터였다. 그 풀에서는 절대로 다이빙을 하지 않아야겠다고 다짐하였다. 2미터는 깊지도 않고, 낮지도 않아서 좋았다. 바닥에 손이 닿았는데, 정말로 수압 때문에 귀가 아팠다.

아빠가 스노클링을 하겠냐고 물어보아서 하겠다고 했다. 우리는 배를 타고 바다로 나가서 물고기들도 보고, 걸어 다니면서 불가사리, 성게들도 만져 보았다. 스노클링을 할 때에는 바다에서 호스로 호흡을 하였는데, 불편해서 자꾸 바닷물을 마셨다. 그래도 물고기는 아름다웠다. 동생은 무섭다고 하지 않았다. 배를 타고 돌아올 때에는, 배의 2층에서 햇볕에 몸을 말렸다.

몸바사 사로바 호텔 수영장

몸바사에서 나이로비로

몸바사에서 편안한 휴가를 보내고, 이제 몸바사에서 나이로비로 돌아올 날이 되었다. 돌아올 때는 비행기로 오기로 했다.

케냐 에어라인과 같은 대형 항공사의 표가 없어 중소 항공사의 표를 예약했는데 중소형의 프로펠러 비행기였다. 몸바사 공항에 도착하니, 비행기를 타기 위해 온 사람들로 가득 차 있었다. 기다리는 사람 중에는 홍콩에서 온 세민이 반 친구네 가족도 있었다.

항공사 창구에서 예약된 표를 보여 주고 탑승권을 받았는데, 탑승권에 별도의 좌석 번호가 없고, 비닐 코팅이 된 탑승권을 받았다. 계속 재활용하게 되어 있는 탑승권이라서 세민이에게 양쪽 손으로 들게 하여 사진을 찍었다.

케냐에는 케냐 에어라인과 같이 국외로 나가는 대형 항공사 이외에도, 중소형 프로펠러 비행기로 운항하거나 경비행기를 운항하는 다양한 형태의 중소 항공사들이 도로가 좋지 않아 교통이 불편한 지역의 소규모 공항에 많이 취항하고 있다. 실제거리는 멀지 않지만, 비포장도로는 너무나 많은 시간을 낭비하기 때문에, 비행기를 전세 내어서 갔다가 돌아오는 사람이 많이 있다.

우리가 탄 비행기는 45명이 타는 프로펠러 비행기로, 내가 타본 비행기 중에서 가장 작은 비행기였지만, 기내식도 주고 실내는 깨끗했다.

비행기를 타고 오는 도중에 킬리만자로 산이 보였다. '이제 10여 개월 남았는데, 언젠가는 가야 할 텐데'라는 생각으로 나이로비 윌슨공항(중소형 항공기만 운항하는 공항)에 도착하였다.

나이로비로 가는 비행기

탑승권(보딩패스)

케냐의 KBS

나이로비 시내에는 수많은 KBS 차량이 많이 돌아다닌다. 물론 한국의 KBS 방송과는 전혀 상관이 없지만 케냐에 처음 오는 한국사람에게 한국 KBS에서 지원해준 차량이라고 농담을 하곤 한다.

케냐의 KBS는 Kenya Bus Service(케냐 버스 회사)의 약자로 예전에는 나이로비의 버스들이 몇 개로 나누어 있었는데 가장 큰 회사가 KBS였다고 한다. 당시만 하더라도 한 개의 큰 회사가 버스 체계를 가지고 있어서 나름대로 잘 운영이 되었었는데, KBS사가 개인 지입차주를 허용했고, 나중에는 수많은 지입차주로 같은 회사에 소속된 차량이지만 각각의 버스 사장들이 서로 경쟁을 하면서 황금 노선에만 움직이면서 점점 버스 시스템이 붕괴하여 버렸다고 한다.

한국과 같이 정부에서 버스 노선을 통제하지 않기 때문에 버스의 노선은 운전기사 마음대로 결정할 수 있어, 모든 버스가 돈이 되는 시내로 집중하다 보니, 모든 버스가 나이로비 외곽에서 나이로비 시내로 움직인다. 모든 버스가 일단 시내로 들어와서 돈이 되거나 막히지 않는 노선으로 버스 번호를 마음대로 수정해서 움직인다.

이러한 버스 이외에도 봉고차로 운영되는 '마타투(마타투는 3이란 의미로 처음 요금이 3ksh(실링)에서 붙여진 이름이다)'들이 사업을 하면서, 시내로 향하는 차들이 많아져 나이로비의 교통 체증은 정말 심각하다. 가까운 거리를 가고 싶어도, 버스 노선이 없으면 버스를 타고 시내로 들어갔다가 다시 버스를 타서 목적지로 가야 해서 돈과 시간이 두 배로 든다.

마타투 내부모습

야아센터의 마사이마켓(전통아프리카 물건 파는 곳)

버스의 요금은 한적한 시간에는 20ksh(300원) 정도 하는데, 교통 체증이 심한 시간에는 50~70ksh(800~1,000원)까지 올라간다. 나름대로 체계는 있지만 그때그때 금액이 달라진다. 또 한적한 저녁 시간이나 치안이 불안한 지역으로 들어가는 심야 버스 요금이 더 비싸다고 한다.

많은 마타투가 경쟁적으로 손님을 태우고 있어, 막히는 도로에서는 마타투가 손님을 내리라 하고, 막히지 않는 반대편으로 돌아가는 일을 자주 볼 수 있다. 또한 마타투는 난폭운전을 일삼고 있어서, 운전하거나 도로를 다닐 때 항상 조심해야 한다. 마타투와 교통사고가 나면, 보험도 없고 내 차의 수리비를 받기 어려워서, 운전하다가 마타투가 오면 그냥 비켜주는 것이 최선이라는 이야기들을 한다.

KBS 버스

언어센터

케냐는 영어를 공용어로 하고 있어서, 다른 인근 아프리카 국가에 비해서 편하지만, 케냐인들끼리는 대부분 키스왈리어를 사용하기도 하고 같은 부족끼리는 사투리와 같이 자기 부족 말을 사용하는 사람들도 있다.

기본적으로 영어는 가능하지만 시골 지역으로 가면, 영어를 모르고 키스왈리어나 자기 부족 말만 하는 사람들이 있기 때문에 선교하러 오시는 분이나 사업하시는 분들은 언어센터나 가정교사를 두어 키스왈리어를 배우는 사람들도 있다.

언어센터에는 한국에서 영어 어학연수를 온 사람들도 몇 명 있고, 키스왈리어를 배우는 케냐에 사는 한국 사람도 있다.

케냐에 오기 전까지는 이곳에 학원까지 있을 것이라고는 상상도 못했다.

언어센터 입구

강의실 내부

내 생일이 3월 6일이다. 한국에서는 새 학기가 시작되어서 생일 파티나 생일 초대를 하기 좀 안 좋은 날이지만 여기는 달랐다. 미국 학교에서는 생일이 딱 1학기와 2학기 중간쯤이라서 친구들도 많이 알 수 있을 시기이다. 다른 아이들이 교실에서 파티를 열 때에는 집에서 만든 홈메이드 브라우니나 홈메이드 초콜릿칩 쿠키를 가져오는 게 대부분이었다.

내 생일날에는 우리 집에 오븐이 없어서 재바하우스의 초콜릿 케이크 2kg짜리 2개와 모형자, 스티커, 주스, 연필 2자루(한국 것), 사탕2개를 넣은 파티백을 준비했다.

드디어 내 생일에 엄마가 2kg짜리 케이크 2개, 그리고 약 27개의 파티백을 가지고 학교에 오셨다. 다른 친구 파티에는 정확하게 사람수에 맞추어서 오지만, 우리는 여유있게 가져가서 더 달라고 하면 더 주었다. 그런데 몇몇 아이들은 케이크가 있으면서도 더 달라고 하여서 집에 가져가서 먹으려고 하였다. 그래도 너무 많이 남아서 주었지만…….

파티백을 나누어줄 때 종종 마음에 들지 않는 스티커가 있으면 바꾸어 주기도 하였지만, 그래도 즐거웠다.

교장선생님과 ESL선생님에게도 드렸다. 교장선생님 파티백에는 연필과 펜 그리고 작아서 가지고 다니기가 편리한 수첩 1개가 있었다. 그건 ESL선생님도 마찬가지이다. 선물을 받은 선생님들은 무척 고마워하셨다. 그리고 친구들이 생일 축하 편지까지 많이 주어서 무척 기뻤다. 다음 해에도 생일 파티를 이렇게 할 수 있다면 좋겠다!!!

엠페사(M-Pesa)

나이로비 시내나 시골에 가면 많은 가게에 엠페사(M-Pesa)라는 간판이 있다. 엠페사는 한국에서 볼 수 없는 아주 잘 발달된 휴대전화의 부가상품이다. 페사(Pesa)는 키스왈리어로 '돈'이라는 뜻인데, 휴대전화로 송금할 수 있어, 많은 케냐에 사는 사람들이 엠페사를 이용하고 있다.

지방에는 은행들이 거의 없기 때문에, 도시에서 일을 하는 사람이 시골에 있는 가족들에게 돈을 보내기가 쉽지 않다. 이럴 때 쉽게 사용할 수 있는 것이 엠페사이다. 먼저 엠페사 가맹점에 가서, 통장에 돈을 저축하듯이 휴대전화의 자기 번호에 일정 금액을 충전하고, 휴대전화로 문자를 보내듯이 다른 사람에게 엠페사를 보내면, 수신하는 사람의 휴대전화의 자기 번호에 엠페사가 충전이 된다. 그럼, 수신을 받은 사람은 엠페사 가맹점에 가서 엠페사를 현금으로 바꿀 수 있다. 휴대전화로 엠페사가 왔다 갔다 할 때 일정한 금액을 수수료로 내면 된다.

전화카드를 팔면서, 어느 정도의 현금을 확보할 수 있는 사람은 엠페사 가맹점을 할 수 있다. 소액의 돈들이 왔다 갔다 하기 때문에 많은 현금이 필요한 것은 아니지만, 많게는 수십만 원 적게는 몇천 원을 휴대전화로 간편하게 송금할 수 있기 때문에 정말 편리하게 사용할 수 있다.

나는 별도의 엠페사 계정을 가지고 있지는 않았지만, 사무실에 있는 현지 직원들은 엠페사 계정을 가지고 있다. 시내에 나간 직원이 급히 돈이 필요할 때라던지, 어떤 사람에게 몇만 원의 돈을 주어야 할 때에는 직접 만나거나, 은행에 갈 필요 없이 엠페사로 바로 돈을 보낼 수 있다. 은행을 가지 않고 신속하게 보낼 수 있어서, 정말 편리한 시스템이다.

엠페사 창구

점심식사

사무실에서 가장 힘든 것 중에서 하나는 점심이다. 점심을 먹기 위해서 항상 밖으로 나가는 것도 귀찮지만, 근처에 위생이 보장되는 식당이 많이 없어서, 주변에 있는 식당 중에서 깨끗한 식당 몇 군데를 번갈아 가면서 가고 있다.

나이로비에서는 '사바나'를 자주 가는데, 사무실에서 가깝고 야외에서 식사를 할 수 있다. 나는 채식주의자는 아니지만, 스테이크 같은 고기 종류를 먹으면 너무 배가 불러서 감자로 만든 크로켓이 햄버거 패드로 들어 있는 '줄루버거'를 점심으로 즐겨 먹고 있다.

사무실에서 사바나까지 걸어서 가면 10분도 걸리지 않는데, 차를 타고 가면 15분 이상이 걸려야 도착을 한다. 일방통행 길이 있고, 주변에서 가장 막히는 도로이기 때문에 걸어가는 시간보다 차로 가는 것이 더 많이 걸린다.

사바나를 가는 주된 이유는 꽉 막힌 좁은 사무실에서 있는 것보다 야외에서 점심을 먹을 수 있는 즐거움에 있다. 줄루버거(야채햄버거)는 350ksh, 여기에 커피를 한 잔에 120ksh으로 점심값 470ksh(6,700원)에 팁을 30ksh(450원)을 주면 500Ksh에 한 끼 식사가 해결된다.

한국처럼 구내식당이나 사무실 앞에 있는 식당에서 점심을 먹고 싶다.

사바나 레스토랑 입구(위)와 사바나 레스토랑 내부 실내 분수(아래)

현지식 식사 (자파티와 감자칩)

현지식 식사(치킨, 자파티)

사서함 만들기

공문서와 우편물을 받기 위해서 사서함을 만들기로 했다. 케냐에는 주소 시스템이 잘 발달하여 있지 않고, 별도의 집배원이 없어서 우편물들이 사서함으로 배달된다. 최근에는 택배와 비슷한 것이 신문광고를 하고 있지만, 택배원이 물건을 가져갈 수 있고, 중간에 강도라도 만나서 물건을 빼앗길까봐 불안해서 이용할 생각이 전혀 들지 않는다. 사서함은 시내 곳곳에 쇼핑센터와 같은 번화가에 있어, 시간이 날 때마다 사서함에 가서 자기의 우편물을 찾아온다.

사람들이 편안하게 이용할 수 있는 사서함은 빈 곳이 없어서, 대기해야 하고, 시내에 있는 중앙우체국의 사서함이나, 사람들이 적게 사는 외곽의 사서함들은 빈 곳이 있다고 한다. 사무실에 근무하는 현지 직원이 출퇴근 할 때 시내를 거쳐서 가기 때문에, 중앙우체국에 사서함을 개설하기로 했다.

사서함

개인인증번호(PIN)

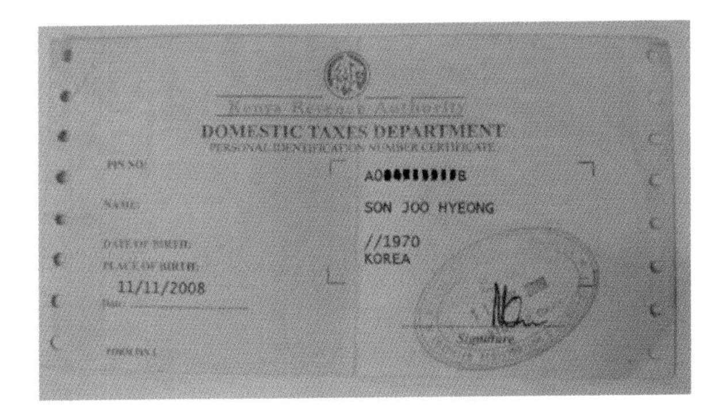
DOMESTIC TAXES DEPARTMENT
PERSONAL IDENTIFICATION NUMBER CERTIFICATE

PIN NO: A0[illegible]B
NAME: SON JOO HYEONG
DATE OF BIRTH: //1970
PLACE OF BIRTH: KOREA
Date: 11/11/2008

Signature

케냐에서 차를 사고, 각종 상기래에는 PIN(개인인증번호)가 필요하다.

세금을 받기 위해서 발급해주는 것이라서, 서류만 가지고 가면 빨리 발급해주지만 국세청에 가면 줄이 너무나 길어서 현지 사람이 대신해서 만들어 오는 경우가 대부분이다.

국세청에서 기다리는 사람들

운전면허증 만들기

내가 가지고 있는 국제면허증의 유효기간이 3월 24일까지였는데, 비자가 늦게 나와서 아직 국제면허증으로 현지 면허증을 발급받지 못했다. 국제면허증으로 현지 면허증을 발급받기 위해서는 1년 이상의 비자와 PIN 넘버가 있어야 하는데, 비자 신청을 들어간 지 4개월이 넘어가고 있는데도 비자가 발급되지 않고 있다.

현지 직원을 시켜 한 달 전부터 비자 진행 상태를 알아보고 있는데, 다음 주, 내일 같은 이야기를 한 달 동안 하다가 결국 비자가 국제면허증 유효 기간을 2일 지나서 나왔다.

국제면허증의 유효 기간이 만료되었는데, 현지 면허증을 받을 방법이 있는지, 사무실 현지 직원을 면허국으로 가서 알아보라고 했다. 면허국을 갔다 온 직원이 1,200ksh만 있으면 갱신할 수 있고, 직접 가지 않을 때는 520ksh을 추가로 내면 케냐 면허증을 받을 수 있다는 예상치 않은 말을 했다.

점심을 먹고 필요한 경비를 가지고 면허증을 발급받으러 나간 현지 직원이 오후 4시가 되어서야 사무실로 돌아왔는데 인상이 좋지 않다. 아침에 한 말과 달리, 면허국에 가서 직접 시험을 치러야 한다고 한다. 아침에 시험을 치지 않고 그냥 된다고 하지 않았느냐고 말하니, 별말이 없다. 아침에 이야기해준 사람과 연락을 하겠다면서, 내가 보는 앞에서 연락을 한다.

모든 상황을 추측하니, 아침에 직원이 만난 사람은 면허국 옆에 있는 운전 학원의 직원을 만났는데, 일단 접수를 시켜놓고, 나중에 와서 시험을 치게 하려고 거짓말을 한 것이었다. 한 번도 면허국에 가본 적도 없는 직원이 중간에 호객을 하는 사람들 말만 그냥 믿은 것 같다.

지금 시험을 치러 가더라도 몇 번 이상 가야 하고, 갈 때마다 엄청나게 기다려야 하기 때문에, 당분가 운전면허증 없이 살기로 했다. 불편하더라도 몇 주간의 주말을 운전기사와 택시를 의존하면서 지내다가, 한국에 갔다 올 때 국제면허증을 갱신해서 케냐 면허증을 만들기로 했다.

비자가 이틀만 빨리 나왔더라면 불편함이 없었을 텐데, 케냐에서는 기다림과 친해져야 한다.

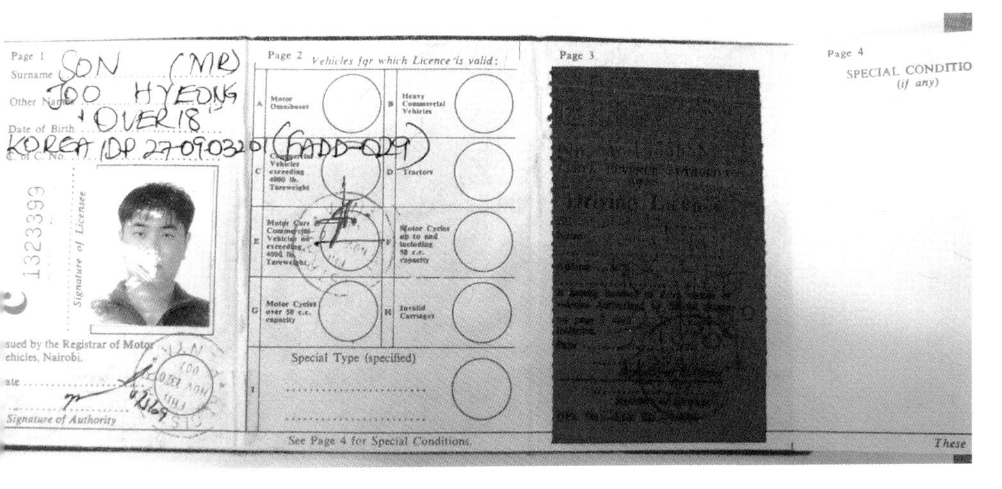
Page 1
Surname SON (MR)
Other Names JOO HYEONG
Date of Birth +OVER 18
C. of C. No. KOREA IDP 27-09-03201 (FADD-029)
1323399
Signature of Licensee
...sued by the Registrar of Motor ...ehicles, Nairobi.
...ate
Signature of Authority

Page 2 Vehicles for which Licence is valid:

A	Motor Omnibuses	B	Heavy Commercial Vehicles
C	Commercial Vehicles exceeding 4000 lb. Tareweight	D	Tractors
E	Motor Cars & Commercial Vehicles not exceeding 4000 lb. Tareweight	F	Motor Cycles up to and including 50 c.c. capacity
G	Motor Cycles over 50 c.c. capacity	H	Invalid Carriages

Special Type (specified)
I
See Page 4 for Special Conditions.

Page 3

Page 4
SPECIAL CONDITIO
(if any)

These

케냐 면허증

현지인 메이드

케냐에서 살면서, 항상 부딪히는 것이 메이드(가사도우미)와 운전기사와 같은 현지인 직원들이다.

메이드는 한 달에 5,000~8,000ksh을 주면 고용할 수 있고, 청소, 빨래, 요리 등 다양한 부분에서 도움을 주지만, 문제도 많다. 가장 빈번하게 나타나는 문제는 적은 돈이 없어지는 것이다. 정말 많은 가정에서 인간적으로 잘 지내던 메이드들도 금전적인 문제로 사이가 틀어져 해고하는 경우를 자주 보았다.

집에는 작은 동전이나 소액권 지폐가 많이 있고, 큰돈을 보관하는 사람들도 많이 있는데, 오랫동안 근무하는 메이드는 어디에 돈이 있다는 것을 알고 있어서, 가끔 힘든 일이 있거나 돈의 유혹이 생기면 좋지 않은 행동이 나올 수밖에 없는 것 같다.

한국 사람들끼리 모이면, 집주인이 알아서 고용하는 사람이 이러한 유혹에 빠지지 않도록 돈을 두는 것을 조심해야 한다고 말들은 하지만, 아이들 책상에 있던, 동전이 사라지고, 금고에 있는 돈의 일련번호가 비어 버리는 경우가 발생하였다는 이야기를 들으면서, 좋은 메이드 구하기가 정말 쉽지 않은 것 같다. 우리 집은 메이드를 두지 않고, 아내가 직접 가사일을 하고 있다. 우리는 1년 만에 돌아가야 되기 때문에, 메이드가 있으면 편하기는 하지만 한국에 돌아가면, 있다가 없어져 오히려 더 불편하고 처량해질 것 같고, 1년 동안 메이드와 생길 사소한 문제를 차단하기 위해서 신경을 쓰는 것보다는 직접 청소와 요리를 하기로 했다.

직접 청소를 하는 대신 한국에서 사용하던 청소 로봇을 가지고 왔다. 케냐 집은 한국 집보다 상당히 넓고, 먼지가 많아서 한국에서는 별로 유용하지 않고, 구석에 처박아 놓았던 청소 로봇이 케냐에서는 큰 도움이 되었다.

바닥의 넓은 카펫을 청소하고 방들이 커서, 청소 로봇이 마음대로 돌아다니면서 청소를 하기 때문에 외출할 때 켜놓으면 엄청난 먼지를 청소한다.

우리 집의 메이드, 청소 로봇.

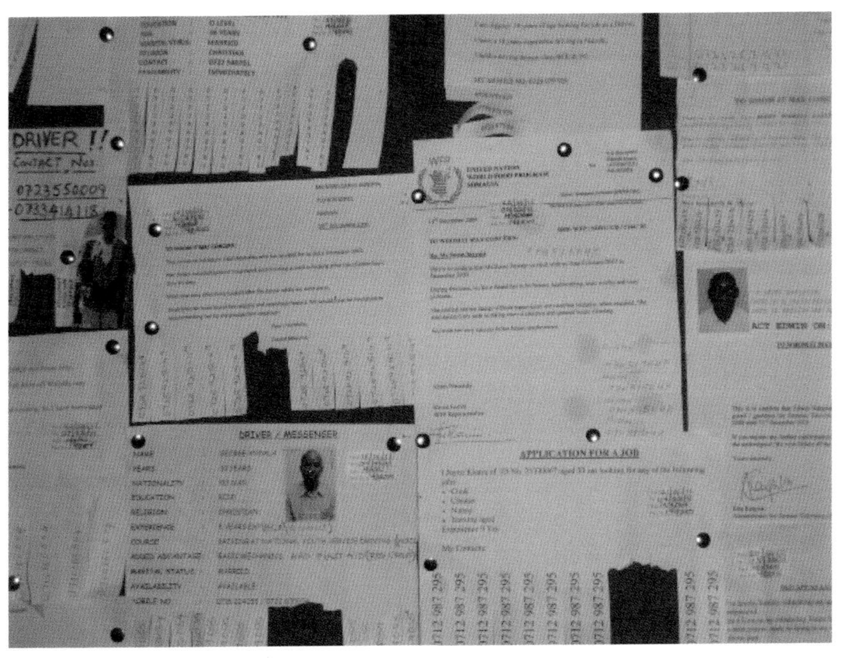

직업을 구하는 현지인 구직광고

차량 수리

아침에 출근하려고 하는데 운전기사가 차가 이상하다고 해서, 차량 정비소로 갔다. 나이로비에는 차량 정비 업소가 시내 곳곳에 있고, 거리에서 간단한 공구를 가지고, 부품을 사오면 거리에서 바로 수리를 해주는 사람도 있다. 거리에서 수리하는 사람을 "주아칼리"라고 부르는데, '아주 뜨거운 태양'이란 뜻으로 '길거리 뜨거운 태양 아래에서 일하는 사람'을 말한다. 주아칼리들은 기술은 가지고 있으나, 부품을 구매할 능력이 없다. 그들은 차량 부품가게 근처에도 있고, 자동차를 고치는 사람들이 많은 거리에도 있다.

차량을 정비 업소에서 고치는 것보다, 이렇게 거리에서 고치는 가격이 아주 저렴하기 때문에 고치는 사람을 정해 놓고 차량을 계속해서 수리하는 사람도 많이 있으나, 고치는 사람을 잘 선택하지 않으면, 차량을 오히려 더 못 쓰게 할 수도 있다.

한국 사람이 정비 공장을 하는 곳도 Sonic, New World, Ssangyong, 3S 등 4개의 업체가 된다. 각각의 정비 공장마다 특색이 있다. 나와 저녁 자리를 즐겨 하는 Sonic사장님과 우리 아이들과 같은 학교를 보내고 있는 New World가 있고, 쌍용차를 주로 잘 고치시는 쌍용, 그리고 오랫동안 정비 업체를 한 3S가 있다.

케냐에서 많은 사람이 도요타의 차량을 좋아하고, 중고차 가격도 비싸다. 워낙 많은 도요타 차량이 팔려서 순정품 이외에도 많은 도요타 부품은 다른 차량에 비해서 부품을 구하기가 쉽다. 한국차도 조금씩 선호도가 높아지고 있으나, 수리 부품이 일본차량에 비해서 조달이 어려우니 상대적으로 선호도가 낮다.

이곳에서 차량이 고장이 나거나 수리를 하려면 일단 부품 가격이 너무 비싸다. 모든 부품을 수입하다 보니, 부품 가격이 한국에서 생각한 가격의 2~3배는 된다. 그리고 차량을 고치는 인건비도 절대 저렴하지 않다. 오히려 저개발 국가일수록 차량을 수리하는 비용은 더 드는 것 같다.

오늘은 팬벨트를 갈았는데, 일본에서 만든 도요다 정품을 사용해서 가격이 20만 원에 가까웠다. 타이어 가격도 비싸고 각종 수리비용이 비싸니, 고장이라도 적게 나길 바랄 뿐이다.

나이로비에서 차는 이동 수단이자 외부로 돌아다니는 가장 안전한 공간이니 차량 관리는 정말 중요하다.

정비공장(뉴월드)

거리에서 자동차 타이어를 고치는 사람들

차량이 고장 난 차를 끌고 가기 위한 레커차

거리에 일어난 사고

나이로비 외곽에서 시내로 들어오는데, 많은 사람이 지나가고 있어, 이상한 느낌이 들었다. 너무나 많은 사람이 지나가고 있어서, 무슨 사고라도 났나 생각했지만, 지나가는 사람들이 이상하게 쌀 포대 같은 것 하나씩을 들고 가는데 기분이 좋아 보였다.

점점 사람이 많이 모여 있는 곳으로 가니, 트럭이 한 대가 넘어져 있고, 트럭 짐칸에서 쏟아진 곡물(밀가루 종류)을 사람들이 그냥 가져가고 있다.

주변에 경찰이 있지만 그냥 보고만 있고, 가지고 가는 것을 통제하지도 않고 있다. 너무나 많은 사람이 자연스럽게 자기 물건도 아닌 것을 가지고 유유히 가버렸다.

어떻게 보면, 이런 물건을 가지고 갈 때 많은 사람이 같은 행동을 하기 때문에 죄의식이 없는 것 같다. 얼마 전에 나이로비 대학에서 정부를 비판하는 기자회견을 마치고 돌아가는 과정에서 학생이 권총 테러를 당한 일이 발생해서, 나이로비 대학생의 정부를 향한 데모가 있었는데 데모하는 과정에서 학생들이 주변 거리에 세워져 있던 빵 상자에서 빵을 가지고 가는 장면이 신문에 나왔다.

나이로비 대학은 케냐를 이끌어갈 최상류 지도층이 될 사람들이 다니는 대학인데, 어린 대학생들의 정부를 향한 데모라고 하지만, 데모 과정에서 나타나는 아름답지 못한 모습은 좋아보이지는 않았다.

케냐는 너무나 착한 사람이 많은 만큼, 죄의식을 모르는 사람도 많은 것 같다.

넘어진 차량 사이로 사람들이 포대를 가지고 나와 들고 가고 있다

블루스카이 캠프(Camp Blue Sky)

아이들이 캠프 블루스카이(www.campbluesky.org)의 팸플릿을 학교에서 받아 왔다. 읽어 보니 방학 중 일요일 오후에 들어가서, 토요일 오후에 나오는 7일짜리 캠프였다. 한 번 들어가는 데 약 200USD(미국달러) 정도를 내야 하며, 5월부터 7월까지 약 다섯 번의 캠프가 있었다.

방학 동안 아이들이 학원을 갈 수 있는 것도 아니고, 한국을 갔다 올 것이 아니라서, 방학에 아이들을 캠프에 보내기로 했다. 캠프 담당자에게 참가 양식을 이메일로 보냈다.

블루스카이 캠프를 가겠다고 지원서를 보내고 몇 주가 지나서 캠프를 보낼 날이 다가왔다. 블루스카이 캠프를 가기 위해서 트렁크 가방에 필요한 옷가지, 랜턴, 간식거리, 성경책(기독교 캠프이기 때문에 성경책은 보지 않아도 가지고 가야 한다) 등을 챙겨서 캠프장으로 갔다.

아이들이 잘 지낼 수 있을까에 대한 의문이 들었지만, 석 달이 넘는 여름방학 동안 집에만 있는 것도 아이들에게는 고역이라서, 불안한 마음이 들었음에도 나이로비에서 약 1시간 30분 정도 떨어진 캠프 블루스카이 장소인 호텔로 갔다.

세민이는 같은 학교친구가 있어서 같은 방에 지낼 수 있지만, 지민이는 아는 친구가 없는데, 수줍음이 많은 지민이가 어떻게 일주일을 지낼 수 있을지 의문이다. 캠프 블루스카이의 입교식에는 많은 부모가 왔는데, 서양인 가정의 아이들과 인도인 가정의 아이들, 현지인 가정의 아이들로 구분되었다. 대부분이 외국인이고 30% 정도가 인도 사람과 현지 사람들이었다.

Camp BlueSky is a fun-filled, one-week, outdoor adventure camp for young people ages 7-18 years. Camp is designed to provide participants with the opportunity to grow spiritually, build relationships, and have fun during their school break. The theme for this summer will come from the Bible and we will learn how we can apply these lessons to our daily life. Don't let your child miss out on this great opportunity!

STAFF

Camp BlueSky is staffed by qualified Christian individuals from the United States. Kim Pace, camp's director has been with Camp Brackenhurst for the past 8 years.

A group of 20 volunteers will act as counselors for camp. Counselors are selected by application according to character and experience and are well suited to serve as mentors for your camper.

CAMP BLUESKY

Skills Include:

CAMP ACTIVITIES

Older campers (ages 15 - 18) have a more adventure - based program where they will experience off-site rock climbing, white-water rafting, hiking, and camping. In addition to this, they will also experience camp activities on-site with the younger campers.

LOCATION

CAMP SCHEDULE

COST

RESERVATIONS

Space is limited to 100 campers Per session. Please respond quickly.

블루스카이 캠프 팸플릿

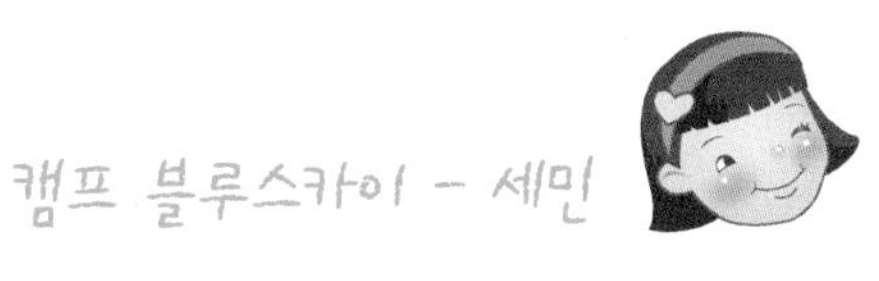

나는 정말 긴 여름방학을 맞아 학교에서 준 안내문을 보고 엄마한테 졸라서 캠프 블루스카이에 갔다. 캠프 첫날에는 정말 처음이라 말을 이해하지 못하고, 거의 어떤 일을 할지 몰라 좀 힘들었다.

캠프에서는 매일 게임을 하였고, 밥 먹기 전에는 늘 기독교에 관한 Christian 노래를 30분 동안 연속하여 불러야 했기 때문에 배가 고팠다. 그래서 밥을 더 잘 먹을 수 있어서 더 좋긴 하였다. ^^

첫 캠프에는 학교 단짝 니브(Neve)와 아비(Abby)가 있어서 같이 이야기도 하고, 놀기도 할 친구가 있어 좋았다. 그리고 틈틈이 찾는 황금색 돌(Gold rock)이 제일 많은 모둠에게 금색의 비즈를 주었다. 점심시간에는 치타 나무 모형을 찾는 것을 하였는데, 치타를 찾는 모둠에게 사탕 한 봉지를 주었다. 우리는 골드 락(황금색 돌 찾기)을 한 번 이겼고, 치타는 두 번 찾았다.

게임을 할 때에는 사람이 많아서 즐겁기도 하였지만, 무엇보다 게임의 재미있는 규칙이 있어서 더 좋았다. 예를 들면 사탕을 먹는다든가 감옥에 간다든가 아니면 원반을 빼앗는 거였다. 밤에는 선생님들이 재미있는 연극을 보여 주거나, 어떤 동물이나 인물로 변장을 하거나 우리들이 장기자랑을 하여서 즐거웠다.

그리고 점심을 먹기 전에는 자기가 원하는 활동을 하였다(수영, 춤 게임, 기타, 드라마 등이 있다). 일주일 동안 하는 거라 월, 수, 금은 같은 것을 3개 하고, 화, 목에는 시간에 따라 하는 다른 활동을 2개 선택하였다. 나는 목요일만 빼고 수영을 했더니 코가 다 타서 껍질이 일어났다. 정말 아팠지만 로션을 바르니까 나아졌다.

캠프 블루스카이의 숙소

캠프를 마치는 날에 아이들이 자기 티셔츠에 사인이나 문장을 적고 있다

하쿠나 마타타

지독한 건기가 계속되고 있다. 우기에 비가 많이 내리지 않아 수력발전을 하지 못해서 나이로비에서도 이틀에 한 번씩 정전이 되고 있는데, 공사하는 현장에 문제가 생겼다.

현장에 사용해야 하는 파이프는 몸바사에서 만드는 것인데, 몸바사 지역의 전기가 부족해서 계속된 정전으로 파이프 생산을 못하고 있다.

지금 와서 파이프 공급 라인을 바꿀 수도 없고, 다른 사람의 공장에 발전기를 사서 파이프를 공급하라고도 할 수도 없는 실정이다. 일반 전기를 사용하면 생산비가 낮지만, 경유를 이용해서 발전기로 제품을 생산하면 생산비용이 올라가기 때문에 가격이 올라간다.

그리고 요즘에는 점점 기름값이 올라가고 있다. 많은 곳에서 발전기를 사용하니 더욱더 기름값이 비싸지는 것 같다.

남아프리카공화국에서 철판을 수입해서 공장에서 둥글게 말아 파이프를 만들고 있는데, 각종 성능 시험을 거쳐 우리 현장에서 사용하는 기준을 충족하고 있다. 한국에서 생산하는 파이프보다 품질이 크게 떨어지는 것은 아니나 외형은 무척 조잡하다.

처음에 파이프를 수입품으로 사용할까 생각했지만, 케냐에서 수입할 때 세관에서 문제가 발생하면 몇 달이 걸리지도 모르고 어디에서 시간이 지체될지 도저히 예측할 수 없어 자체적으로 생산되는 것을 사용하기로 했는데, 전기가 문제를 일으킬지는 상상도 못 했다.

우리 현장에서 사용하는 발전기를 파이프 공장에 빌려주어서 우리 물건이라도 빨리 만들기 위해 현장에서 일하는 직원이 파이프 공장에 지켜 서서 물건을 받아오고 있지만, 빨리 이 건기가 마치고 비가 좀 와야지 이런 것들이 다 해결될 것 같다는 생각뿐이다.

물론, 이런저런 걱정을 다 한다고, 일이 해결될 것도 아니니, 케냐에 왔으니 케냐 사람들처럼, 그냥 마음속으로 편하게 "하쿠나 마타나(No Problem, 아무 일도 없을 거야)"를 외쳐 본다.

가리사 다리 아래에서 파이프 설치 작업

영어 엔진이 바뀌었다

이번 방학에 석 달 동안 아이들은 다섯 번의 블루스카이 캠프 중에서 2, 3, 5번째 캠프를 갔다. 2번째와 3번째 캠프 사이에는 한 달의 기간이 있어서 별 어려움은 없었지만, 3번째와 5번째 캠프 사이에 아이들이 1주일 쉬고 거의 연속해서 갔다.

캠프를 마칠 때쯤 세민이와 지민이는 훨씬 건강한 아이가 된 것 같았다. 캠프 기간 매일 뛰어 놀고, 각종 활동이 아이들을 즐겁게 했고, 3번이나 갔기 때문에 도움을 주는 직원(staff)과도 친해져서, 지민이는 유명 인사가 되었고, 세민이도 아이들과 친해지는 방법을 찾은 것 같았다.

한국어를 한 번도 하지 못하는 일주일이라는 캠프 동안 영어에 대한 머릿속 구조를 완전히 바꾸어 놓았고, 다양한 활동 속에서 아이들은 자신들에게 평생 남을 즐거운 추억을 남기게 되었다.

이때까지 미국 학교에 다녔지만, 영어로 완벽하고 편하게 대화한 적이 없었는데 세 번의 캠프를 다녀와서는 거의 모든 대화를 거침없이 했다.

무엇보다도 아이들의 머릿속 영어 엔진이 완전히 달라진 것 같다. 블루스카이 캠프는 아이들에게는 다양한 체험과 공동생활을 할 수 있어 좋았고, 부모입장에서는 아이들의 영어에 대한 고민에서 벗어난 곳이라 더욱 좋았다.

강도를 당한 한국 여학생을 만났다

한국에서 온 여학생을 점심을 먹을 때 만났는데 나이로비 시내에서 강도를 만났다고 하였다. 시내의 큰 도로에 있는 신발 가게에 현지인 친구와 같이 신발을 사러 들어갔는데, 하필 신발을 고르는 동안 권총 강도가 들어왔다고 한다. 권총 강도는 계산대에 있는 돈을 빼앗고 손님들의 현금과 휴대전화를 빼앗았다고 한다.

권총 강도가 여학생에게 돈을 달라고 해서, 얼마 되지 않는 돈을 주니, "왜 돈이 이것밖에 없느냐?"라고 해서, "나는 학생이라 돈이 없다."라고 하니, 그냥 넘어갔다고 한다.

그리고 이 학생은 "나는 휴대전화가 없다"라고 거짓말을 해서 휴대전화를 빼앗기지 않았다. 우리가 만약 강도가 있을 때 다른 사람이 너한테 전화라도 했으면 거짓말이 탄로 났을 텐데 어떻게 할 뻔 했냐고 하니, 자기도 모르게 그렇게 행동했다고 하였다.

주변에서 강도에 대한 이야기는 많이 들었지만, 직접 강도를 당한 사람에게서 이야기를 들으니, 훨씬 더 강렬하게 들려온다.

나이로비에서 강도를 만나면 얼굴을 똑바로 보지 말고 돈과 휴대전화만 주면 위험하지 않다고 하니, 다음에는 그렇게 하라고 이야기만 해주고 대화를 마쳤다.

안전하기만 하면 정말 나이로비도 살기 좋은 도시인 것 같은데…….

언제쯤 안전한 도시가 될지…….

전자제품을 파는 거리 모습

우리가 다니는 학교는 미국 학교라서 급식도 미국식으로 받았다. 매일 기름에 튀긴 음식, 햄버거, 핫도그, 감자튀김, 매시드 포테이토를 먹었다. 한국 음식이 그립기도 하지만, 급식은 후식이 있어 더 많이(?) 먹을 수 있어서 좋기도 하였고, 맛있어서 좋았다.

그중 가장 좋아했던 음식은 마늘빵, 감자튀김, 핫도그, 햄버거 등이다. 내가 제일 좋아했던 후식은 홈메이드 쿠키, 아이스크림, 요구르트, 젤-O(젤리)가 있다. 그러나 밥을 다 먹으면 자기가 앉았던 자리를 다음 사람을 위해 깨끗이 해놓은 다음에, 선생님한테 검사를 받고, 놀러 가거나 줄을 서야 했다.

급식실이 밖에 있어서 추웠기 때문에 점퍼를 입고 나가야 했는데, 점심을 먹고 쉬는 시간이 되면 꼭 점퍼를 두고 놓았다. 그런데 점심을 먹을 때 자기 도시락을 싸 가지고 오는 아이도 있는데, 자기가 좋아하는 음식을 먹을 수 있고 줄을 서서 기다릴 필요가 없지만, 점심시간 후 쉬는 시간이 되면 도시락을 두고 다녀야 해서 불편하다.

급식은 많은 아이가 줄을 서서 기다려야 하기 때문에 먼저 온 아이들이 자리를 차지한다는 안 좋은 점도 있어서 딱히 급식이 좋지도, 도시락이 좋지도 않다.

나는 도시락을 먹을 때에는 엄마가 고기를 싸 주셨기 때문에 더 좋았다. 내 친구들도 고기를 싸오면 나에게 고기가 맛있어서 달라는 아이들도 있었다. 그리고 김밥을 싸 갈 때에도 친구들이 맛있다고 거의 다 가져가서 남기는 일은 없었다.

역시 나누면 기쁨은 2배라고 들었는데, 그 말이 맞나 보다!!! ^^~*

학교 급식실

골프장

케냐는 영국의 식민지였기 때문에 골프장이 아주 잘 되어 있다. 골프장의 시설이 좋다기보다는 넓은 땅을 가지고 있기 때문에 우리 청소년수련원같이 골프장 시설들이 여러 곳에 있다.

나이로비에만 7개 이상의 골프장이 있고, 가격도 저렴하다.

나는 1년짜리 골프장 회원으로 등록하였는데, 기본적인 회원권이 2년짜리이었기 때문에, 1년짜리 회원권을 요청하는 레터(편지)를 보내서, 클럽 회장에게 승인을 받아 1년 회원이 될 수 있었다.

약 100만 원짜리 1년 골프 회원이 되면 골프장을 이용하는 데 아무런 돈을 내지 않아도 된다. 1년 동안 언제라도 와서 골프를 쳐도 되고, 샤워 시설 같은 각종 편의시설을 공짜로 이용할 수 있다. 골프장에 있는 클럽하우스에 가면, 시내에 있는 일반 식당보다 더 저렴한 음식을 먹을 수 있다.

한국에서 골프장을 간다면 돈이 많이 든다고 하지만, 이곳에서는 정말 저렴하게 이용할 수 있는 스포츠이다. 그리고 골프장에는 수영장 등 각종 스포츠 시설들이 부수적으로 있는 곳이 많다.

나에게 골프장은 주말에 안전하게 많이 걸을 수 있는 유일한 공간이라는 점이 가장 좋다. 케냐를 오고 난 이후, 몇 시간씩을 걷는다는 것이 어려워졌다. 치안 문제 때문에 걸어 보았자 몇 분에 지나지 않는다. 가리사 현장에서는 현장 주변을 걸어서 다니지만, 사막 지역에서 걸어 다니는 것은 조금만 걸어도 땀이 나기 때문에 최대한 차를 타고 다닌다.

그렇지만 골프장에 가면 외부의 위험한 지역을 경비와 담이 지켜주기 때문에 혼자서도 한두 시간 이상을 걸을 수 있는 장점이 있다.

그리고 청소년 골프도 정말 저렴하다. 18세까지 600ksh(8,000원)만 주면, 주니어 회원으로 등록하여 케냐에 있는 어느 골프장이든 출입할 때마다 100ksh(1,200원)만 주면 골프를 칠 수 있다.

최근에는 세민이와 같이 일요일 아침에 부녀간에 9홀짜리 골프를 2시간 정도 치고, 같이 토스트와 소시지로 클럽하우스에서 아침을 먹고 돌아오는 것이 커다란 즐거움이다.

앞으로 케냐를 떠나서 딸아이와 같이 일요일 아침에 골프를 칠 기회가 몇 번이나 올지 모르겠다.

골프장 캐디(사진을 인화해서 주었더니 무척 좋아했다)

통학버스 - 세민

웨스트나이로비 학교의 통학버스

나는 아파트 입구에서 학교로 가는 통학버스를 탄다.

우리가 탈 때에는 우리 집이 마지막에 타기 때문에, 버스 안에는 빈 좌석이 거의 없다.

버스에 앉을 때는 친구랑 앉기도 하는데 좋지 않은 자리일 때도 있다. 친구들이 2명에서 3명이기 때문에 서로 Top-Trump라는 카드 게임을 하였는데 재미있다.

여기서는 학년이 올라가도 한국과는 달리 남자, 여자라는 선을 긋지 않는다. 처음에는 같이 친하게 지내는 것을 봤을 때 한국에서 매일 친구끼리 치고받고 하는 것만 봐서 조금 익숙하지 않기도 하였다.

생일 파티에도 아무나 다 초대하였다. 이런 면은 한국과 달라 익숙하지 않기도 하다.

그리고 스쿨 버스에서는 뒷자리가 항상 중, 고등학생의 자리이다. 하루는 뒤에 앉았는데 언니 오빠들이 앞으로 가 앉으라고 했지만, 같이 탄 앨리아나(세린이 같은 반 친구)가 지금 두 자리 빈 곳이 이곳밖에 없다고 말해 그냥 뒷자리에 앉았다. 하지만 그 뒤로는 계속 앞자리만 앉았다.

그래도 항상 조용하지 않아서 좋았다. 언니들은 수다를 떠는 게 대부분이었고 우리는 카드게임(그림카드에 파워가 높은 것이 이기는 게임)을 했다.

학교에 도착하면 가방을 두고 모두 놀러 나갔다. 아침에는 교실에 들어가지 못하고 밖에서 놀다가 종이 치면 교실로 들어가야 한다. 수업 시간이 끝나면 쉬는 시간에는 무조건 나가서 놀았고, 다시 들어와서 공부를 하였다.

미국 학교에서는 바자를 1년에 두 번씩 하였다. 학교의 학생들은 바자 표를 달라는 대로 받을 수 있다. 나는 바자에 사용할 돈을 심부름해서 모으고, 바자 갈 준비를 했다. 주말이라 심심하였는데, 볼거리가 있어서 좋을 것 같았다.

아침 바자에 가보니 정말 사람이 많다. 밑쪽 공터에는 간식거리를 팔고 있고, 위쪽 주차장에서는 물건을 팔고 있었다. 차를 싸게 파는 사람도 있고, 책만 가득 가지고 나와서 파는 사람도 있었다. 그리고 또 옷만 가득 가지고 나와서 팔기도 하였다.

여기서 내 친구들을 만났는데 그냥 인사만 하고 지나갔다. 나는 쿠키도 샀는데, 너무 많아서 선생님과 친구에게 그냥 주었다. 그리고 내 친구가 파는 곳에서 500실링(약 7,500원)짜리 우노(UNO) 게임도 샀다. 엄마는 비즈를 많이 샀고, 나랑 동생을 위한 책도 샀다.

바자의 음식을 파는 곳에서는 에티오피아 음식과 한국 음식인 김밥과 닭꼬치를 팔고 있었다. 오랜만에 사 먹으니 정말 맛있었다.

마치는 시간이 다가가면서 가격들이 낮아졌다. 우리는 가격이 내린 팝콘을 사서 먹었다. 거의 시간이 남지 않아서 나가려고 할 때 큰 물건을 산 사람들이 물건을 싣고 갔다. 다른 학교 바자 때에는 돈을 아껴 쓰고 낭비를 하지 않으면 좋겠다! 나는 그 외 바자에서 스쿠비끈, 사인펜, 수첩, 인형, 쿠키, 게임, 비즈를 샀다. 내가 쓴 돈은 어마어마하였다.

케냐 산(Mountain of Kenya)

한국으로 돌아갈 날이 몇 달밖에 남지 않았다. 처음 도착했을 때는 천천히 케냐를 둘러보자고 생각했는데, 이제 몇 달밖에 남지 않으니, 주말을 이용해서 유명한 곳은 꼭 가 보아야겠다는 생각으로 이번 주말에 케냐 산으로 가기로 했다.

케냐 산을 가기 위해서, 한국 여행사에서 차량과 호텔을 예약했다. 케냐 산(5,199m)은 아프리카에서 두 번째로 높은 산인데, 가장 높은 산(킬리만자로 5,896m)만 유명하고 케냐 산은 많은 사람에게 알려지지 않았지만, 자연 경관이 좋고, 트래킹하기에 좋은 코스로 알려져 있다. 며칠간 트래킹 코스로 올라가는 사람들이 많은데, 우리는 주말 이외에는 시간이 나지 않기 때문에, 적도를 구경하고, 케냐 산에 있는 호텔에서 하룻밤 자고 오기로 했다.

여행사에서 1박 2일 코스는 적도에 갔다가, 케냐 산에서 잠깐 편안하고 아름다운 자연을 느끼는 여행밖에 되지 못 한다고, 별로 추천해 주지 않는 느낌이 들었다. 한국 사람들은 편안하게 휴식을 취하거나 단조로운 여행을 싫어해서 걱정을 하는 것 같았다.

적도라고 하지만 아무것도 없잖아

차를 타고 나이로비에서 약 4시간을 달려서 적도에 도착했다. 휴게소 같은 곳에 도착하니, 운전기사 겸 가이드가 내려서 구경을 하라고 했다.

둘러보니 우리를 반기는 것은 적도라는 표지판 한 개밖에 없다. 저 표지판이 없다면, 이곳이 적도인지, 어딘지를 몰랐을 것이다.

아이들을 적도 표지판 앞에서 서라고 해서 사진을 찍고 있으니, 적도 가이드라고 하는 사람이 우리 주변으로 다가왔다. 적도 가이드는 물통과 깔때기를 가지고 와서, 적도에서 약 10m 정도 떨어진 남쪽과 북쪽에서 물이 떨어지는데 물의 도는 방향이 서로 다른 것을 보여주었다. 20m 정도밖에 떨어지지 않았는데 물이 도는 방향이 남반구냐 북반구냐에 따라 다르다는 것을 보고 나니, 이곳이 적도라는 것을 느꼈다. 내가 지구의 한복판에 와 있다는 것이 이제 실감이 났다.

가이드가 적도에 왔으니, 인증서를 받으라고 해서, 가격을 물어보니 한 장에 10USD(12,000원)라고 한다. 종이 한 장이 10USD는 너무 비싼 것 같아서, 인증서는 받지 않고 얼마의 팁을 주고 가이드와 헤어졌다.

주차장에는 나무로 만들어진 기념품을 파는 가게들이 여러 개 있었다. 기념품 가게를 구경하고 아이들은 목걸이를 한 개씩 사서 적도에서 케냐 산으로 출발했다.

적도 표지판. 차가 지나가는 옆에 휴게실로 들어가는 입구가 있다

마운틴 케냐 - 세민

유리창앞에 원숭이

마운틴 케냐에 1박 2일로 갔다. 사파리 차를 타고 갔는데, 사파리 차는 말 그대로 봉고차 같았다. 다른 점이라면, 차 지붕을 열수 있다. 가는 데 시간이 너무 많이 걸렸다. 가는 도중 적도에서 멈추어서 기념사진을 찍었다. 그리고 물을 부어서 적도와 적도가 아닌 곳의 차이점을 말해 주었다. 너무 신기했다.

그리고 다시 달려서 마운틴 케냐에 도착하였다. 우리는 호텔에 짐을 놓고, 식당에 가서 밥을 먹으러 갔다. 호텔 창문은 유리라서 야생 원숭이들이 유리창 바로 앞까지 와서 우리를 보기도 하였다.

방 앞에 있는 베란다에서 원숭이가 사람들이 가지고 있는 물건을 빼앗아 갈 수 있기 때문에 조심해야 한다. 밖에서 나가 있는 것이 조금 무서웠지만, 다른 방 사람들도 많이 있었고, 아빠와 같이 베란다에 나가 있었다.

밤에는 호텔 객실 앞에 있는 인공 호수에 물을 마시러 나온 코끼리와 물소 같은 동물을 구경하였다. 조명이 있어서 잘 볼 수 있었다. 호텔에 있는 사람들이 잘 볼 수 있도록 높은 곳에 직접 마련한 고기가 놓여져 있는 곳에는 덩치가 작은 동물들이 오는 것을 볼 수 있었다.

가끔 원숭이가 지나가면 그냥 가만히 있으면서 나는 원숭이 사진을 찍었다. 원숭이가 귀엽기는 하였지만, 내가 가지고 있는 카메라를 빼앗을 수도 있고, 나를 다치게 할 수도 있어서 그냥 있었다. 나중에 방에 돌아왔을 때엔, 베란다 바로 밖에 움직이지 않고 우리 베란다에만 있는 원숭이가 창문에 다가와 유리에 입김을 불어서 귀여웠다.

호텔 외벽, 모두 나무로 만들어져 있다

라마단(Ramadan)

프로젝트를 마쳐야 할 날은 점점 다가오는데, 현장에서 진도가 나가고 있지 않다. 토지 문제(파이프가 자기 땅으로 지나가는 것을 좋아하는 사람은 없었다), 파이프 수급 문제 등이 해결되어 가는데 이제 공사장의 진도가 나가지 않는다.

이슬람에서 가장 중요시하는 것 중 하나인 라마단이 시작되었다. 라마단 기간에는 일출부터 일몰까지 물을 포함한 아무것도 먹지 않기 때문에, 작업 근로자들이 힘이 없어서 작업이 점점 느려지고 있다.

음식이야 참을 수 있다고 해도, 해가 떠 있는 동안 물을 먹을 수가 없으니, 이 더운 날에 물 없이 아침부터 일을 한다는 것은 정말 내가 생각해도 어려운 일이다.

그렇다고 처음 공사를 시작할 때, 단순 작업 근로자를 공사장 주변의 마을 주민을 채용하기로 약속을 하고 들어갔기 때문에, 지금 공사가 바쁘다고 이슬람교도들인 이 마을 사람들이 아닌 다른 곳에 있는 기독교도들을 데리고 올 수도 없다.

자기들 마을 주변에서 공사를 하기 때문에, 일자리가 생겼다고 생각해서, 자기들이 사는 마을의 땅을 순순히 사용하도록 해준 것이다.

물론 토지는 정부가 소유하고 있어도, 행정기관에서 토지에 관련된 것은 부족장에게 허락을 받아야 한다. 나의 머릿속엔 공사가 언제 끝이 날지 생각밖에 없는데, 이 뙤약볕에서 물도 마시지 않고 일을 하는 사람들을 보면서, 나는 일이 진행되지 않아서 힘들고, 작업자들은 태양이 떠 있는 시간 동안 금식과 물도 마시지 못하니 괴로운 것 같다.

한국에서 이슬람 국가에서 사업을 한 사람들과 회식을 할 때 "라마단 기간에는 아무것도 하지 못한다."는 말을 그냥 흘려 버렸는데, 막상 내가 라마단 기간에 부딪히니, 왜 공사를 시작할 때 라마단을 생각하지 못했을까라는 생각이 든다.

이 뜨거운 태양 아래 라마단 기간에 해가 떠 있는 시간에 보슬비라도 조금씩 내리면 공기 중에 있는 습기가 뙤약볕에서 일하는 사람들이 물을 마시고 싶은 생각을 조금이라도 잊게 해줄 텐데…….

현장에 서 있으면, 태양은 너무나 뜨겁게 비추어서 가만히 있어도 땀이 쭉쭉 흐른다.

프로젝트 현장에 일하는 사람들

승마

아내가 한국 사람들과 이야기하는 도중 승마에 대한 이야기를 듣고 왔다. 생각보다 저렴한 가격에 한국에서는 절대 못할 경험 같아서, 아이들에게 승마를 한번 시켜보기로 했다.

토요일 오후, 한글학교를 마치고 아이들과 같이 승마장으로 갔다. 승마 강습 10회 요금으로, 아이들 2명이 각각 5번씩 나누어서 시작하기로 했다.

승마하는 곳은 카렌 지역에 있었는데, 주변에 금속 공예를 파는 갤러리만 있고, 별다른 건물이 없이 한적한 곳이다.

일주일마다 가는 승마를 시작하고, 시간이 갈수록 점점 자세가 좋아지고 있다. 처음 말을 탈 때는 허리가 구부린 채로 있었지만, 몇 번 강습을 받으니 허리가 곧게 펴졌다.

어떤 외국인들은 개인 말을 승마 강습소에 맡겨 두고, 일주일에 한 번씩 타러 오는 사람도 있고, 미국인, 프랑스인, 아랍계 등 많은 어린아이가 와서 말을 탄다. 한국에서 한 번씩 케냐를 방문한 사람도 재미 삼아 말을 타러 온 사람도 보았지만, 승마라는 것이 한 번에 금방 실력이 쌓이는 스포츠는 아닌 것 같다.

주변에 있는 사람 중 승마를 꺼리는 사람도 있다. 말에서 떨어진 아이도 있고, 다치는 사고도 가끔 발생하기 때문이다.

혹시 미래 언젠가 말을 탈 일이 생기면, 그냥 도망가지는 말았으면 좋겠다는 생각에 말을 타게 하였고, 아이들이 케냐에서만 할 수 있는 즐거운 추억거리를 만들고 있다.

말 타기 - 세민

나와 내 동생은 주말에 말을 타는 곳에 갔다.

우리는 몇 번 왔기 때문에 말을 뛰게 할 때에는 발로 힘껏 두 번을 찼고, 방향을 잡고 싶을 때는 고삐를 그 방향으로 당겨주면 되었다. 달리다가, 걷고 싶을 때는 고삐를 살짝 잡아당겨 주면 되고, 멈추게 하려면 다시 고삐를 한 번 잡아당겨 주면 된다. 뛰다가 더 빨리 뛰게 하고 싶으면 뛰고 있을 때에 발로 한 번만 더 세게 잡아당겨 주면 된다. 그때 등을 뒤로 살짝 기대어서 앉아야 하였다.

주말에 오기 때문에, 자주 타는 말이 거의 정해져 있었다. 나는 토론토라는 말을 자주 탔다. 내가 타는 말은 덩치가 좀 많이 컸기 때문에 좋았다. 그리고 갈색이라서 좋았다.

지민이 말은 흰색에다가 약간 회색 빛이 돌았다. 말을 탈 때에는 헬멧 때문에 더웠지만, 안전을 위해서는 그냥 썼다. 우리는 한 시간 동안을 타고 말이 졸리지 않게 하려고 10분에서 15분 동안 말을 타고 숲으로 산책하러 갔다. 산책을 돌아와서는 말 안장을 풀었다.

말을 타러 갈 때는 때때로 말이 좋아하는 사과나 오이, 당근 등을 가지고 가서 내가 탄 말과 다른 말에게도 주었다. 아기 말에게도 당근을 주었는데, 줄 때 혓바닥으로 핥는 느낌이 좋았다. 나는 한국에 가기 전까지 더 많이 타서 말을 아주 잘 탈 수 있으면 좋겠다!

아이들의 승마 시간. 한 시간 정도 수업을 하는데, 외국 아이들은 유아부터 큰 아이까지 다양한 나이의 아이들이 와서 승마를
이이들이 열 번 말을 타는 데 12,000ksh을 주었다

레게머리 - 지민

나는 오늘 엄마를 졸라서 레게머리를 했다. 레게머리를 하는 사람은 언니 친구인 세라 언니의 엄마가 소개를 해주었고, 일요일 아침에 집으로 왔다. 언니와 내가 다 하기 때문에 두 사람이 왔는데, 가발을 가지고 와서 가발을 고르라고 했다. 우리가 왜 가발을 가지고 왔느냐고 물어보자. 우리 같이 머리가 부드러운 아이들은 그냥 하면 머리가 다 풀린다고 했다.

맙소사, 가발이 황토색이었다. 내 머리는 완전 검은색인데, 티가 많이 날 것 같았다.

우리가 머리를 땋는 동안, “해리포터”라는 영화를 보았다. 머리를 땋고 있는데, 모든 사람의 눈이 “해리포터” 영화를 향해 있었다.

“해리포터” 영화를 하는데, 영화가 무서웠지만, 레게머리를 하였기 때문에, 도망가지를 못했다. 세 시간 반 정도를 앉아 있으니, 레게머리가 끝이 났다.

내 얼굴을 보니 정말 실망했다. 가발을 섞으니, 정말 이상했다.

다시는 가발을 섞어서 레게머리를 하기 싫다.

레게머리 하는 모습

한글학교 - 세민

우리는 매주 토요일마다 한글 학교에 다녔다. 교과서는 읽기와 말하기, 듣기, 쓰기가 있었다. 1교시와 2교시 쉬는 시간은 10분이었고, 3교시 쉬는 시간은 30분에서 40분이었다. 쉬는 시간에는 선생님들이 회의를 하셨는데, 우리가 제일 좋아하는 시간이었다.

나는 첫해에 나보다 한 살 더 많은 오빠 두 명과 같이 수업을 했고 다음 해에는 같은 학년에 있었는데, 내가 아는 언니 두 명과 같이 한글을 배웠다. 그런데 한글학교에서도 대부분 영어로 대화를 하였다. 하긴 여기서 영어를 더 많이 하며 살았으니까 영어로 대화하는 것을 편리하게 느끼는 것 같다. 그래서 종종 한글학교인데도 선생님 몰래 영어로 얘기를 하기도 하였다.

한글학교에서 제일 좋았던 점은 3교시에 먹을 것과 마실 것도 주고, 내가 읽을 수 없는 한국어로 된 책을 학교에서 빌려 주었다. 나는 책을 많이 읽을 수 있어서 좋았다. 그리고 한글 만화책도 있어서 만화책만 빌려 오기도 하였다. 나는 고학년이라서 저학년보다 책을 세 권 더 빌릴 수 있었다. 그래서 다섯 권을 빌려서 동생한테 자랑을 할 수도 있었다. 내가 아는 언니, 오빠들은 한글 책을 잘 빌리지 않고, 아주 가끔만 책을 빌렸다.

한글학교에는 초등부만 하기 때문에 6학년 언니들까지만 만날 수 있고, 토요일에 4교시만 했고 국어만 배워서 좋은데, 진짜 이런 학교가 한국에도 있으면 좋겠다.

한글학교 모습

암보셀리

케냐의 주요 관광지라고 하면, 나쿠루, 마사이 마라, 암보셀리, 케냐 산이 있는데, 지금까지 못 가본 관광지가 마사이 마라와 암보셀리인데, 이제 주말이 몇 번 남지 않아서, 마사이 마라와 암보셀리를 모두 갔다 오기는 불가능할 것 같고, 둘 중에서 나이로비와 조금이라도 가까운 암보셀리를 가기로 했다. 암보셀리는 탄자니아 국경에 접해 있고, 킬리만자로 정상을 볼 수 있다. 암보셀리에는 아주 큰 늪지대가 펼쳐져 있는데, 만년설에서 녹은 물이 흘러들어서 늪지대가 풍부한 생태계를 이루고 있어, 코끼리들과 사자, 원숭이, 하마 등 다양한 동물들을 볼 수 있다.

탄자니아에 있는 킬리만자로를 보기 위해서 케냐의 암보셀리를 간다는 것이 아이러니하지만 이번에도 한국 여행사에 가서 차량과 호텔을 예약했다.

아침 7시에 가이드 겸 운전기사가 집으로 왔다. 나이로비에서 240km정도 떨어져 있지만, 비포장도로가 많아서 시간이 많이 걸린다고 하였다.

비포장도로를 달리니, 차창 사이로 파고드는 먼지가 잔뜩 쌓였다. 호텔에 도착하니 2시가 넘어 버렸다. 호텔에 도착하자마자 늦은 점심을 먹고, 잠깐 쉬었다가 오후 4시가 넘어서 아이들과 같이 마사이 부족 마을을 구경했다.

마사이 마을에서 나뭇가지로 불을 피우는 모습을 직접 보았다. 코끼리 꼬리털을 이용해서 나뭇가지로 불을 피웠고, 한번 피운 불씨는 마사이 부족 마을에 있는 모든 가정이 같이 이용한다고 했다. 마사이 부족의 춤과 집 안을 구경하고 마사이족 가이드에게 가이드비를 지불하고, 동물들이 저녁 사냥을 하는 동물들을 보러 암보셀리 사파리를 시작했다.

암보셀리 입구

킬리만자로 산 정상

마사이 부족에서 불을 붙이는 모습

암보셀리에 있는 코끼리들

암보셀리 세레나 호텔

암보셀리에는 여러 개의 고급 호텔이 있지만, 우리는 세레나 호텔(Serena Hotel)을 예약했다. 케냐 산에서도 같은 호텔 체인을 갔는데, 가격은 비싸지만 시설은 정말 좋은 것 같다. 점심과 저녁에 뷔페로 식사를 하는데, 음식이 정말 좋은 것 같다. 아마 며칠만 있으면 살이 엄청나게 찔 것 같다.

아이들은 수영장에서 수영을 하고 놀았고, 호텔 곳곳에 차를 마실 수 있는 공간과 호텔 방 안에는 아프리카풍의 인테리어로 꾸며져 있었다.

처음 몸바사를 여행할 때는 아이들과 같은 방에서 잠을 잤지만, 케냐 산부터는 아이들의 방을 따로 예약하고 있다. 한국에서는 방을 두 개 빌리는 것이 한 개를 빌리는 것보다 훨씬 비싸게 책정하지만, 케냐에서는 사람의 수가 더 중요하기 때문에, 4명이 한 개의 방을 사용하는 것이나, 4명이 두 개의 방을 사용하는 것이 편한 것에 비해서 가격 차이가 많이 나지 않는다.

그리고 직접 예약을 하는 것보다는 여행사를 통하는 것이 더 저렴하다.

저녁을 먹고 있을 때, 갑자기 야외에서 시끄러운 소리가 나서, 밖으로 나가 무슨 일인지 보니, 호텔 옆으로 코끼리 떼가 지나가고 있었다. 호텔의 낮은 나무 울타리 사이로 보이는 코끼리 떼들이 장관을 이루고 있어, 많은 관광객들이 사진을 찍고, 구경했다.

그리고 저녁식사가 준비된 야외 뷔페에는 마사이 부족 경비원이 야생 원숭이들이 호텔의 야외 뷔페음식을 가져가지 못하도록 지키고 있었다.

케냐에서 가는 마지막 여행이라고 생각하니 아쉽다.

세레나 호텔 입구

뷔페음식을 지키는 마사이

체르티 - 지민

체르티와 헤어지는 날 사진을 찍었다 – 지민(좌), 세민(우)

나는 케냐에서 체르티(아이들 영어 가정교사)라는 영어 선생님을 만났다. 선생님은 단발머리에다가 흑인이며 영어 발음이 좋은 선생님이다. 책을 다 읽으면 스티커를 주시고 생일 선물로 만화책을 주셨다. 그리고 동물에 대해서 배운다면 집에 있는 사진을 가져와서 주셨다. 난 그런 선생님이 고맙기도 하고, 좋기도 하다. 난 선생님께 많은 것을 배웠다. 학교생활에 잘 적응할 수 있도록 도와주시는 선생님! 고맙습니다. 앞으로 더 열심히 할게요!!!

학교생활에 잘 적응할 수 있게 도와주셔서 감사합니다.

차 팔기

차 뒤쪽에 판매한다는 종이를 붙였다

요즘의 최대 고민거리는 사용했던 차를 파는 것이다. 차를 살 때는 비싸게 샀는데, 막상 팔려고 하니 쉽지가 않다. 처음 차를 살 때에 비해서 1년 만에 너무나 많은 차가 수입해 들어오고 있다. 나이로비 곳곳에 중고차 시장이 계속 들어서고 있는 것을 보면, 1년 전에 비해서 차량 가격이 엄청나게 내려가고 있는 것 같다. 작년 내가 차를 살 때는 1달러에 1,400원이어서, 한국 돈으로 2천만 원도 더 되었는데, 이제 달러가 내려서 1달러에 1,200원 정도 하니, 차량 가격이 1천6백만 원이 되어 버렸다. 가만히 앉아서 1년 동안 4백만 원이 날아가 버렸다. 차는 정말 잘 사용했는데, 가장 비쌀 때 사서 엄청나게 낮은 가격에 팔아야 할 형편이다.

신문에 광고도 내고, 카센터에도 차를 팔아 달라고 하였지만 좀처럼 팔릴 기미가 보이질 않는다. 처음에 팔기를 원하는 가격은 12,000ksh인데 점점 가격이 내려가고 있다. 떠나야 되는 날이 다가 오니, 이제는 10,000ksh까지 내려왔다.

신문광고를 내다가, 차의 뒤쪽에 차를 판다는 것을 종이를 붙여서 돌아다니니 가끔씩 사람들이 찾아오는데, 찾아오는 사람은 더 깎아 달라고 하기도 하고, 돈의 절반은 지금 주고, 나머지는 몇 달 뒤에 주겠다는 사람, 5시에 찾아 오겠다고 팔지 말고 있어 달라고 하지만, 결국에는 나타나지 않는 사람 등, 각양각색의 사람들이 다 있다.

정말 차를 파는 것은 쉽지 않다. 이렇게 힘들 줄 알았으면 '좀 빨리 팔고, 그냥 렌터카를 이용할걸' 하는 생각도 들지만, 처음에 차를 살 때는 케냐 중고차 상황이 이렇게 나빠질 것이라고는 생각하지 못했다.

또 차를 팔기 위해서, YaYa Center와 Sarit Center라는 대규모 쇼핑 센터에 물건을 판매하는 광고를 붙였다. 그렇지만 전화만 자주 오고 사람들은 나타나지 않고, 매일매일 힘들게 지내고 있다.

중고차 시장

차가 드디어 팔렸다

케냐를 떠나기 2주일 전에 야야센터(YaYa Center) 앞에 있는 중고차 업체가 신문을 보고, 내 차에 관심이 있는 사람이 있다고 전화가 왔다. 이제는 시간이 없어서 무조건 팔아야 하기 때문에 바로 YaYa Center로 갔다.

내 차를 보여 주니, 차를 사려고 하는 사람이 NGO 단체이기 때문에 자체적으로 1시간이 넘게 성능 테스트를 마치고, 내부적으로 결론을 내린다고 하면서, 내일까지 기다려 달라고 하였다.

중고차 업체는 거래가 성사되면, 수수료를 받기 때문에, 절대 다른 사람에게 차를 팔면 안 된다고 나에게 이야기했다.

다음 날 차를 사겠다고 차량에 관련된 서류를 달라고 전화가 왔다. 그리고 돈을 현금으로 나에게 직접 주지는 못하고, 중고차 업체를 통해야만 한다고 하였다. 단체이기 때문에 현금으로 돈을 줄 때는 문제가 되는 것 같았다.

나는 돈이 입금되기전까지 차에 관심 있다는 다른 여러 사람도 연락이 왔지만, 이 거래가 가장 많이 진행된 거래였기 때문에 이 거래를 진행하기로 했다.

드디어 한국으로 출발하기 일주일 전에 NGO 단체에서 중고차 상사에 돈을 입금하였다. 입금을 확인한 후에 차를 NGO 단체에 건네주었다. 차는 팔렸고 이제 중고차 상사와 나와의 거래가 남았다. 중고차 상사가 나에게 돈을 주어야 하는데, 통장 관리를 중고차 회사 사장이 관리한다고 몇 시간을 기다려서 중고차 상사로부터 100,000ksh 의 돈을 지급하는 현금 바우처를 받았다.

차량을 사고파는 과정에서 위조한 수표를 이용하는 사기꾼들도 있어서 수표

거래를 잘 하지 않는다. 수표를 입금하여도, 통장에 돈이 없으면 돈을 한 푼도 못 받는 사태가 발생하기 때문이다.

토요일 오전에 은행에서 100,000ksh 현금 바우처를 현금으로 바꾸기 위해서 은행에서 중고차 회사 사람들을 만났다. 은행에서 현금을 받고, 차량의 로그북(Log Book)이라는 차량 등록증을 건네주었다.

케냐에서는 차의 소유권을 인증받으려면 차량과 로그북이 있어야 한다. 도난당한 차량이 많기 때문에, 로그북이 없으면 그 차의 주인으로 인정하지 않기 때문에 로그북은 아주 중요하다.

물론, 로그북도 위조하겠지만…….

차를 팔려고 한 지 6주 만에 드디어 차가 팔렸다.

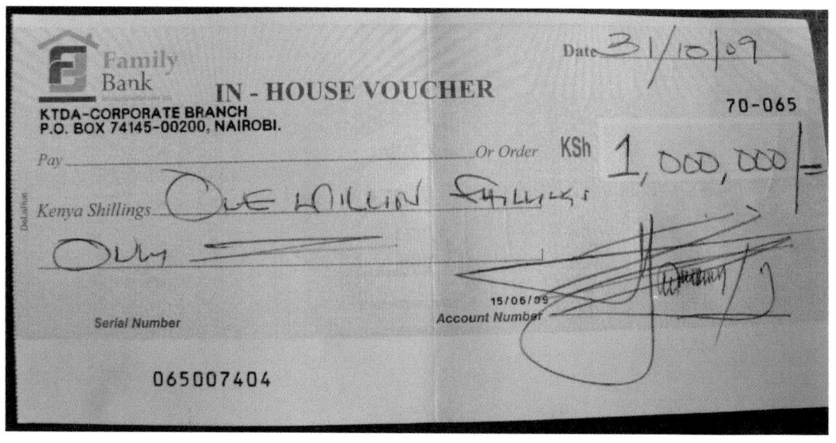
Family Bank

IN - HOUSE VOUCHER

KTDA-CORPORATE BRANCH
P.O. BOX 74145-00200, NAIROBI.

Date 31/10/09

70-065

Pay ______ Or Order KSh 1,000,000/=

Kenya Shillings One Million Shillings Only

15/06/09

Account Number

Serial Number

065007404

중고상에서 받은 현금 바우처. 수표와 다르게 현금으로 바로 바꿀 수 있는 기능이 있다

하필 이런 날 차가 고장 날까!

이제 현장에도 모든 공사가 끝이 나고, 마무리 작업을 하고 있다. 현장 마무리를 하면서, 나이로비에서는 행정적인 것들을 마무리하고 있다.

현장으로 가야 하는데, 갑자기 차량에 이상이 생겼다. 차에서 이상한 소리가 나서 정비공장으로 차를 보냈다. 내일 당장 가리사에 갈 차량을 구해야 하는데, 일반 승용차로는 조금 힘들 것 같고 최소한 SUV는 되어야 하는데, 어떻게 가야 할지 걱정이다.

여행사에서 차량을 렌트해서 가려고 가격을 물어보니, 너무 비쌌다. 그렇다고 정규적인 렌터카는 너무 비싸고, 요즘 자주 이용하는 택시 기사에게 한번 알아보니, 친구 중에서 차를 산 지 얼마 되지 않은 SUV를 가진 사람이 있다는 예상치 않은 대답을 들었다. 하루에 4,000ksh이고, 기름값은 별도라고 해서 가격이 적당한 것 같아 차량이 있는 곳으로 가서 차량상태를 확인했다. 단자이 아파트 주변에 택시들이 대기하는 곳에 서 있었는데, 차를 보니 생각보다 상태는 좋아 보였다.

내일 아침에 7시까지 집으로 오라고 하고 헤어졌다. 이번이 마지막 출장인데 갑작스러운 차량 고장으로 막막했었는데, 저렴한 가격에 차량이 해결되어서 다행이다.

기름이 떨어졌다

가리사에서 현지 공무원들과 시설물을 점검을 마치고, 가리사에서 1년 동안 같이 일했던 현지사람들과 저녁을 먹었다.

아침에 가리사 호텔에서 나이로비로 출발한 지 2시간쯤 지났을 때, 갑자기 차가 멈추었다. 한적한 곳에서 차량이 고장 나면 큰일인데 다행히 사람들이 사는 마을에서 멈추었다. 차가 멈추니, 나이로비에서 차를 불러야 할 것 같다는 생각이 스쳐 지나갔는데, 운전기사가 뒤로 돌아보면서 휘발유가 다 떨어졌다고 말을 한다. 가리사로 갈 때도 아니고, 나이로비를 돌아오는 길이면 알아서 휘발유를 체크해야 할 것 같은데 그냥 달린 것이다.

"계기판에 연료가 없다는 경고등이 들어오지 않았나?"고 물으니, 유류 경고등이 고장이 나서, 작동하지 않는다고 한다. "유류 경고등이 고장 났으면 알아서 준비를 해야지."라고 말하고 싶지만, 그런 말을 해보았자 달라질 것도 없고, 앞으로 해결할 방법을 물어보았다.

운전기사가 유류를 파는 사람을 찾으러 마을 안쪽으로 들어갔다. 마을로 들어간 기사가 20분쯤 지나니, 마을에서 기름을 구할 수 없다고 인근 마을에 가서, 기름을 구해오겠다며 오토바이가 있는 마을 사람과 다른 마을로 기름을 사러 출발했다.

차가 멈춘 덕분에 마을 사람들의 구경거리가 되었다. 아마 한적한 곳에 차가 멈추어 섰다면 겁이 났을 것 같지만, 인근에 사람들이 사는 집도 있고, 사람들도 지나다니니 위험한 지역은 아니어서 천만다행이다.

오토바이의 뒤에 탄 운전기사가 약 1시간이 지나니, 2개의 플라스틱 통을 가진 사람과 같이 나타났다. 기름 2통을 차에 넣고 시동을 거니, 차가 움직이기 시작했다. 기름을 가지고 온 사람은 주유소는 아니고, 조금 큰 마을에서 오토바이 기름과 같이 소규모의 기름을 파는 사람인 것 같았다. 기름을 가지고 온 사람에게 돈을 주고 다시 나이로비로 출발했다.

출발 3일 전, 아인게스트 하우스로

출발하기 3일 전, 사용하던 모든 물건을 정리했다. 한국에서 가져온 전기 압력밥솥과 케냐에서 산 물건들은 두 달 전 케냐로 오신 목사님 가족에게 통째로 넘겼다. 물건을 이것저것 한 개씩 팔려면, 많은 사람이 왔다 갔다 하고, 계속 흥정을 해야 하지만, 한 사람에게 물건을 넘기니 잡다한 물건까지 한꺼번에 넘길 수 있었다. 돈을 받기도 공짜로 주기도 좀 아까운 잡다하지만, 꼭 필요한 물건들을 덤으로 다 넘길 수 있어서 서로에게 좋은 일인 것 같다.

출발하기 3일 전 모든 짐을 빼고, 왓포드 파크 아파트에서 나왔다. 많은 집주인이 보증금을 잘 돌려주지 않아서 고생한다고 들었는데, 우리 주인아저씨는 앞으로의 전기료, 수도료, 수리비용 등을 제외하고 모든 보증금을 이사를 마치고, 그날 오후 시내(야야 센터)에서 만나서 현금으로 돌려주었다.

야야센터로 갈 때에는 마음 한구석에는 "보증금을 나중에 주겠다."라고 할까봐 걱정을 했는데, 인상만큼 좋은 주인 아저씨였던 것 같다.

집을 비우고, 출발하는 날까지 "아인게스트 하우스(Ain Guest House)"에서 지내기로 했다. 일반 가정집을 개조한 아인 게스트 하우스는 사장님께서 현지 사정에 밝으시고, 사모님의 환상적인 요리 솜씨로 편안하게 지낼 수 있는 곳이다.

나이로비에서 있는 게스트하우스 중 가격 대비 훌륭한 숙박 시설로 유명하고, 사장님께 부탁을 드리면, 간단한 여행 정보를 얻을 수 있어서 많은 사람들로 붐빈다.

아인 게스트하우스의 1층에 있는 객실로 모든 짐을 옮기니, "이제 정말 케냐를 떠나는구나."라는 생각이 들었다.

케냐에 도착한 것이 엊그제 같은데, 벌써 돌아가야 한다는 것이 섭섭하다.

현지인 식당

한국에 돌아왔다

케냐에서 출발해서 두바이를 거쳐서 1년 만에 한국에 돌아왔다. 작년 케냐로 출발할 때는 아이들이 어떻게 적응할까 고민을 하고 갔었는데, 한국으로 돌아오는 날도 똑같은 고민을 하고 있다.

한국에 도착하면, 갈 때보다 오히려 일이 더 많아질 것이다. 며칠 뒤에 부산에서 경기도로 이사를 해야 하고, 아이들은 또다시 새로운 학교로 전학해야 한다.

이제 다시 한국으로 돌아가 일상생활에서 해야 하는 고민과 일거리에 빠져들 것 같다.

우리 가족 전체가 일 년 동안 케냐에서 많은 것을 보고, 새로운 환경에서 생활한 것이 대견스럽기까지 하다.

케냐에서 모든 가족이 건강한 모습으로 돌아왔다는 것에 감사하고, 한국의 바쁜 일상으로 다시 들어가야 한다고 생각하니 한국에 왔다는 즐거움보다는 두려움이 앞선다.

돌아온 날 인천공항에서

에필로그

케냐의 생활에서 즐거운 일도 많았지만, 오히려 즐겁지 않은 일들도 많았다. 다만 그런 일은 글로 적지 않았다.

매일 반복되는 지루한 일상이나 아이들이 아파서 힘들었던 것, 피부에 이상한 것이 났지만 병원에 가지 않고 며칠을 버틴 이야기, 갑자기 물이 떨어져 고생한 이야기, 밤새워 파티를 즐기는 주변 사람 때문에 며칠간 잠을 못 이뤘던 이야기, 생각보다 엄청나게 비싼 물가 등 일상적이고 조금은 불편한 이야기는 하지 않았다.

우리 가족은 1년이라는 시간을 정해 놓고 케냐에 살았다. 케냐에 있는 동안 할 수 있는 모든 것을 해보자는 생각이 있었기 때문에, 아이들이 골프와 승마 등을 할 수 있었지만 만약 케냐에서 더 오래 생활해야 했다면 이런 것은 사치였을 것이다.

우리 가족의 삶이 일반적으로 케냐에서 생활하는 사람들의 삶은 아니라는 것을 밝혀 두고 싶다. 한국에서 삶이 어렵듯 케냐에서의 삶도 결코 쉽지는 않다. 이 글을 읽는 분들은 1년간의 알람시계를 가진 자가 케냐에서 이것저것 시도한 것이라고 이해해 주었으면 한다.

우리가 글로 적은 것보다 훨씬 치열한 삶이 케냐에 있다.

Special Thanks

한국국제협력단 김항주 소장님, 박금옥 대리님, 김동립 대리님, 한국농어촌공사 이정철 차장님, 이수강 차장님, 박영진 과장님, 최인혁 목사님 가족, 최인호 목사님 가족, 김종률 사장님, 미소노 사장님과 사모님, 아인 사장님과 사모님 등 정말 많은 분들이 도움을 주셨습니다.

케냐에 도움을 주신 따뜻한 분들에게 특별한 감사의 말씀을 올립니다.

손주형(1970)

1970년에 부산에서 태어나, 1994년에 처음 나가본 미국을 시작으로 일본, 필리핀, 중국 등을 여행하였다. 1996년 한국농어촌공사에 들어가서 지하수와 환경에 관련된 일을 하게 되었다. 2007년부터 탄자니아를 시작으로 외국에서 식수와 관련된 일을 하면서 외국 근무가 시작되었다. 외국 근무를 하면서 가는 국가마다 보고 느낀 것을 적고 있다. 현재까지 탄자니아, 캄보디아, 에티오피아, 케냐에서 근무하였고, 기회가 되어서 가본 국가들은 콩고민주공화국, 가나, 남아프리카공화국, 라오스, 인도네시아, 필리핀이다.
앞으로 몇 개 나라에 더 나가게 될지 모르지만, 세계는 넓고 가보지 못한 나라는 너무 많다.

손세민(1999)

초등학교 4학년에 케냐로 가게 되었다. 일본, 태국, 중국, 캄보디아, 케냐를 가 보았으며, 앞으로 UN과 같은 국제기구에서 일을 하고 싶어 한다.

손지민(2001)

초등학교 1학년에 케냐로 가게 되었다. 태국, 중국, 캄보디아, 케냐를 가보았으며, 아프리카와 같은 곳에서 어려운 사람들을 돕는 의사가 되고 싶어 한다.

초판인쇄 2011년 10월 28일
초판발행 2011년 10월 28일

지 은 이 손주형 · 손세민 · 손지민
펴 낸 이 채종준
펴 낸 곳 한국학술정보(주)
주 소 경기도 파주시 문발동 파주출판문화정보산업단지 513-5
전 화 031) 908-3181(대표)
팩 스 031) 908-3189
홈페이지 http://ebook.kstudy.com
E-mail 출판사업부 publish@kstudy.com
등 록 제일산-115호(2000.6.19)

ISBN 978-89-268-2763-5 03930 (Paper Book)
978-89-268-2764-2 08930 (e-Book)

이담 Books 는 한국학술정보(주)의 지식실용서 브랜드입니다.

책에 대한 더 나은 생각, 끊임없는 고민, 독자를 생각하는 마음으로 보다 좋은 책을 만들어갑니다.